INGEN ÄR SOM JAG

INGEN ÄR SOM JAG

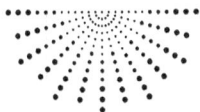

KERSTIN BLOMKVIST   STINA PILS
THERESE KÄRRMAN   BELLA LJUNG   ORKANISTEN
JESSICA SJÖGREN   MONIKA WOLDRICH
ANNIE WESTERLUND

AutistOrd

Boken har getts ut med stöd från Allmänna Arvsfonden av Autism Östergötland i projektet AutistOrd.

~

Autism Östergötland
Gamla Övägen 23
603 79 Norrköping

info@autism-ostergotland.se
www.autism.se/ostergotland

Omslag och typsättning av Tina Wiman

Tryckt hos lulu.com, 2025

ISBN: 978-91-989440-1-3

"Det står väl inte i Mose lag att gamla kärringar inte får klättra i träd!"

— ASTRID LINDGREN

INNEHÅLL

KANSKE EN SLÄNG AV
ASPERGERS

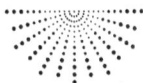

ANNIE WESTERLUND

Jag fick min autismdiagnos för sex år sedan, samma år som jag fyllde fyrtio. Misstankar om autism (då aspergers syndrom) hade funnits ganska länge, två av mina samtalskontakter hade nämnt det, första gången cirka tolv år tidigare, men den uppskattade väntetiden på tre till fyra år för att få en utredning avskräckte.

En av terapeuterna sade: "Du kanske har en släng av aspergers men du klarar dig ju." Att jag vid det tillfället hade varit sjukskriven på grund av psykisk ohälsa i drygt sex år var inget någon av oss tog med i beräkningen.

Väntetiden på utredning blev i slutänden cirka tre månader, men den här gången hade jag varit villig att vänta längre. Lina Limans bok "Konsten att fejka arabiska" hade nyligen kommit ut och när igenkänningen var stor vid genomläsning sökte jag vidare och lyssnade på några intervjuer med Svenny Kopp.

Min slutsats blev att det var stor sannolikhet att jag var autistisk och att jag ville bli utredd. Utöver diagnospappret jag fick i handen avslutade psykologen med orden:

"Jag är väldigt säker på att det är autism du har."

Med en så pass omvälvande diagnos hade jag, naivt nog, förväntat mig att det skulle finnas en utstakad väg framåt: några sessioner med psykologen som utredde mig för att bearbeta vad autismspektrumtillstånd (AST) innebar för just mig eller ett sammanställt informationsmaterial om diagnosen och var det fanns fördjupningar. Det enda som automatiskt erbjöds var en remiss till det lokala AST-teamets introduktionskurs om autism. En kurs som bestod av fyra träffar för nydiagnostiserade och deras närmast anhöriga och som främst fokuserade på vilka stöd och insatser man kunde ansöka om snarare än diagnosinformation.

Via AST-teamet har jag fått vissa insatser riktade till autister som i slutänden inte passat mig speciellt bra. Den första var deltagande i en samtalsgrupp för autistiska kvinnor; tyvärr blev jag tvungen att avbryta efter några träffar eftersom formatet var för påfrestande för mig.

Under en period fick jag en samtalskontakt med det uttalade syftet att lära mig mer om autism; eftersom livet pågår parallellt blev autisminformationen sekundär, dessutom gjorde pandemin att kontinuiteten blev lidande.

Det sista var en "Ha koll"-kurs som är tänkt att hjälpa deltagarna att bli mer organiserade och få saker gjorda. Jag hade full närvaro men hade svårt att ta till mig kursen eftersom upplägget dränerade mig på energi. AST-teamet anser nu att de har gjort allt de kan för mig och som en sista insats kommer de att hjälpa mig i gång med boendestöd.

Det jag reagerar på är att det de erbjuder, och även deras inter-aktion med patienterna (till exempel kallelser), inte alls är anpassade efter autister eller tar autistiska svårigheter med i beräkningen. Även om alla autister är olika så har vi ju lik-nande problem, vilket inte borde vara så svårt att tillmötesgå: skicka kallelser minst en vecka i förväg, bifoga förhandsinfor-mation om vilka frågor som ska ställas vid planeringsmöten så att vi hinner fundera och förbereda svar, ha en översikt över kursens tillfällen med kortfattad information om vad som ska tas upp respektive gång o.s.v.

På "Ha koll"-kursen var det skrattretande hur dåligt materialet är anpassat för autister, inte förrän något av de sista tillfällena blev vi informerade om att kursen inte är utformad för just autister, och inte får den ändras eller ges ett anpassat ramverk heller. Mycket av AST-teamets verksamhet tycks utformad utifrån vad neurotypiska personer anser att autister ska bli hjälpta av, snarare än baserad på vad faktiska autister anser vara hjälpsamt – och naturligtvis av budgetens begränsningar.

Under några år efter min diagnos utgick jag främst från den vetenskapliga synen på diagnosen och inhämtade information från böcker skrivna av "experter" inom området, utan att egentligen lära mig eller acceptera speciellt mycket. Med tanke på hur algoritmerna fungerar hos sociala medier-bolagen ville jag slippa bli påmind om och översvämmad av inlägg om autism.

Till sist gjorde frustrationen över att stå still att jag började följa #actuallyAutistic-konton på Instagram, och till min förvåning resonerade de betydligt bättre hos mig. Igenkänningen har gjort att jag faktiskt lärt mig om och accepterat min diagnos, dessutom har jag börjat analysera mina reaktioner och lyssna på min egen hjärna för att kunna anpassa tillvaron bättre. Även om jag normalt föredrar information via text så har ju reels fördelen av att kunna ge mycket och komplex information på kort tid.

Känslan av gemenskap jag får av att se och höra andra autister är mycket mer givande för min utveckling, och min hantering av autismens negativa effekter, än vårdens prat om energibalans. För även om det i praktiken betyder samma analys och justeringar, bidrar autistens självupplevda erfarenhet till att jag lättare kan sålla bland och anpassa kunskapen till mina egna behov.

~

> *Sticks and stones may break your bones,*
> *but words can never hurt you.*

Uttrycket brukar användas för att "peppa" en verbalt mobbad person eller karaktär att strunta i mobbarna. När jag växte upp på åttio- och nittiotalet så var fysisk mobbning den enda typ som det pratades om på tv – verbal mobbning benämndes endast som att skolkamraterna *retades lite*. Detta var något som länge hindrade mig från att inse hur allvarligt det jag utsattes för i skolan faktiskt var.

Återkommande för mig är att jag aldrig riktigt har varit en del av gruppen: jag har alltid haft några kompisar men stora svårigheter att finna mig till rätta i den större gruppen. Det började redan på dagis: jag älskade fröknarna men tyckte att de andra barnen var högljudda, stojiga och alldeles för många.

Det var dock inte förrän i årskurs tre som den regelrätta mobbningen började. Lågstadiet var en liten skola och vi var den enda klassen i årskursen, dessutom hade flera av mina klasskompisar gått i samma dagisgrupp som jag. Eftersom klassen hölls ihop när vi började på den större mellanstadieskolan eskalerade mobbningen obehindrat: jag var ful, dum och konstig; en hora, en plugghäst och antingen en apa eller en pojke eftersom jag hade hår på underarmarna.

På något sätt var alla klassens motgångar mitt fel: förlorade vi en tävling var jag ansvarig – oavsett om jag hade deltagit eller inte – och naturligtvis ställde jag inte upp för klassen när jag behövdes. De hittade på en motbjudande sång om mig och skickade runt ett kort på mig i klassrummet – en efter en började killarna hånskratta när de tittade på fotot, tjejerna skickade det vidare utan protest. Allt detta pågick framför näsan på vår klasslärare och övriga lärare som varken såg eller hörde något.

Jag mådde sämre och sämre och började gå hem från skolan med huvudvärk, illamående eller magont framför allt om vi skulle ha gympa. Sakta men säkert hjärntvättades jag till att tro att det var så här jag förtjänade att behandlas – annars skulle väl någon protestera?

~

Till högstadiet skapades nya klasser genom att dela upp de befintliga och blanda upp delarna med elever från andra skolor. I sexan fick vi skriva en "önskelista" över vilka vi ville gå i samma klass som: hade jag varit smart och vågat (tanken fanns definitivt där) skulle jag ha skrivit ned att jag absolut inte ville hamna med de värsta mobbarna.

Eftersom klassen delades upp och det tillkom mobbare från andra skolor som gärna hakade på var det till sist personer från samtliga sex klasser i årskursen som fällde elaka kommentarer till mig så fort de kom åt. Upplägget där eleverna hade ett skåp och rörde sig mellan klassrummen gjorde ju också att fler tillfällen uppstod.

Min mentala hälsa försämrades ytterligare, min närvaro sjönk drastiskt till lite drygt femtio procent och jag började allvarligt fundera på självmord. Varje gång jag blev förkyld och sjuk på riktigt var det en lättnad för då behövde jag inte ljuga eller överdriva för att få stanna hemma flera dagar i rad, och varje gång det var dags att återgå till skolan fruktade jag vilken

jäkelskap de skulle ha hittat på för att straffa mig den här
gången.

Inombords byggde jag högre och tjockare murar för att skydda
mig, problemet var bara att murarna stängde ute dem jag
eventuellt kunde ha bett om hjälp men släppte igenom alla
elaka kommentarer.

Under hela den här perioden sade jag ingenting hemma av tre
anledningar: jag trodde helt och fullt att det var okej att be-
handla mig så här; jag inte ville vara till besvär så att mamma
skulle tvinga mig att flytta till pappa; men framför allt trodde
jag inte att skolan skulle kunna hantera situationen utan att
göra tillvaron ännu värre för mig.

Skolan slog sig för bröstet om att det minsann inte förekom
någon mobbning där, och på de aktivitetsdagar då mobbning
nämndes var det tydligt att ett samtal förövare och utsatt
emellan var deras enda förslag till lösning – jag hade känt
några av de värsta mobbarna sedan dagis och visste att detta
bara skulle ge dem mer anledning att trycka ner mig. För att
skydda mig själv höll jag tyst, jag var alltid livrädd för att
mobbningen skulle eskalera till att även bli fysisk.

Generellt brukar tjejer vara benägna att umgås i par eller små
grupper, helst med ett jämnt antal personer. Under låg- och
mellanstadiet var vi elva tjejer i klassen, och jag var alltid den
som blev över. Av den anledningen, en stor dos självbevarelse-
drift och kanske oförmåga, formade jag aldrig några närmare
vänskapsrelationer, jag förstår än idag inte riktigt konceptet
med att ha en bästis som man berättar allt för.

Jag spenderade tiden på högstadiet med att "studsa" mellan
tre sedan tidigare etablerade vängrupper, alltid rädd för att de
skulle tröttna på mig om jag hängde på för mycket eller för
länge. Mest avslappnad var jag vid de tillfällen som två av
vängrupperna och jag bildade en lite större grupp på sex

personer, då hamnade jag automatiskt i par med någon om vi skulle gå någonstans.

Jag kom till avslutningen i nian mer spänd än jag någonsin varit: det var första gången sedan sexan som föräldrar var välkomna och traditionen bjöd att eleverna i nian gick upp och fick betygen av rektorn längst fram i kyrkan – ett ypperligt tillfälle att utsätta mig för något inför mina släktingar och hela skolan. Ingenting hände, men jag hade svårt att njuta av dagen och hade konstant stenkoll på var alla mobbare befann sig. När vi äntligen kunde åka därifrån fortsatte hela familjen hem till oss för att fika, och jag kände för att skrika av glädje: jag var fri! Ingen mer mobbning – äntligen kunde jag känna mig trygg.

～

En vecka in på höstterminen i ettan på gymnasiet kom kraschen. Mycket var nytt: majoriteten av klasskompisarna, pendla med buss till och från skolan (det funkade en morgon!), nya lärare... Dessutom renoverades skolbyggnaden så vi blev inpackade i baracker i stället.

Det var en dramalektion som blev utlösaren; dagen efter vägrade jag gå till skolan – det var en enorm inre låsning. Jag lovade att jag skulle gå dagen efter och fick tillåtelse att stanna hemma men nästa dag var det samma visa igen.

Efter tre dagar ringde mamma till pappa, hans "peptalk" hjälpte inte; dagen efter det kontaktade hon skolans kurator som gjorde ett hembesök och då släppte fördämningen: storgråtande berättade jag för mamma och kuratorn om alla år av mobbning och hur paniskt rädd jag var för att det skulle börja igen. Det gick en del mobbare på skolan: några "haka på"-mobbare i min klass, en av ledarna plus några till i parallellklassen – de hade lätt kunnat få eleverna som inte kände oss att haka på.

Med löften om stöd, kuratorns kontor att fly till när hon var där och en extern kurator inkopplad fick jag ta myrsteg mot att återkomma till skolan på heltid.

Mamma skjutsade mig på morgonen och hämtade mig hos farmor och farfar på kvällen så att jag slapp bussen. När jag inte orkade mer den dagen vandrade jag iväg från skolan på rasten och hämtade mina saker när klassen hade lektion, sedan gick jag till farmor och farfar som bodde nära skolan och kraschlandade hos dem.

Så fortsatte det hela höstterminen. Inte förrän på vårterminen klarade jag att gå en hel dag i skolan, då var skolbyggnaden färdigrenoverad och vi fick egna skåp.

På höstterminen i tvåan kom så ytterligare ett dråpslag: klasserna gjordes om baserat på vilken inriktning eleverna valt och de mobbare som gått i parallellklassen (som fortsatt med kommentarer när de kom åt i ettan) gick plötsligt i min klass! Efter uppropet bröt jag ihop fullständigt och mina klassföreståndare, som sett mig kämpa året innan, kontaktade rektorn för att se om något kunde göras. Kuratorn som jag fått förtroende för året innan var utan förvarning barnledig så jag kunde inte vända mig till henne, och hennes ersättare avskräckte från tillit.

Någon vecka senare blev jag nedkallad till rektorn på lektionstid och jag kommer aldrig att glömma bemötandet jag fick:

"Nej, jag tänker inte flytta på dem. Om du inte vill gå i samma klass som dem är det faktiskt ditt problem! Du kanske skulle gå i terapi!?!"

Inga av mina förklaringar eller böner fungerade, jag gick från mötet in på tjejtoan och stortjöt – där och då dog det sista av den tillit jag hade kvar för vuxna utanför min närmaste familj. Jag övervägde att själv byta klass, men jag hade valt en inriktning som bara fanns i den klass jag gick i – annars fick jag byta skola.

Så jag bet ihop, torkade tårarna, gick tillbaka till lektionen och spenderade de följande två åren rädd och på helspänn: varje morgon hade jag svår ångest, storgrät och fick diarré. Mantrat: "Det är okej att gråta tills jag sminkat mig – sedan får jag skärpa till mig!" gick hela tiden runt i huvudet.

Mamma skjutsade mig till skolan varje morgon, men på eftermiddagen klarade jag ibland att ta bussen hem. Då hände det att mobbare från andra skolor var med och trakasserade och sjöng – så jag åkte mest på udda tider. Farmor och farfars hus var fortfarande min trygga plats, jag fick till och med en egen nyckel så att jag kunde gå in när de inte var hemma. Utan mamma, farmor och farfar hade jag aldrig klarat gymnasiet.

Gymnastiklektionerna var fortsatt det stora problemet och till sist gick jag till syokonsulenten för att fråga hur viktigt ett godkänt betyg i gympa var för framtida arbetsgivare, jag orkade inte gå på de lektionerna längre. Syon tyckte att det var oerhört viktigt och ordnade så att jag skulle få tenta av kursen – det hela sköttes av vicerektorn.

Jag berättade för mina kompisar, de som hade sett och hört mig kämpa under två och ett halvt år. Vid nästa möte med vicerektorn talade han om att de sökt upp honom och sagt att jag bara ville slippa gympalektionerna för att jag var lat. Efter det omvärderade jag mina "vänner" och stängde av totalt – det var tydligt att ingen av dem faktiskt brydde sig om mig eller ens såg mig.

Resten av tiden fram till studenten var jag sluten inombords, inga förtroenden eller känslor släpptes ut – det var ytterligare en sak att tolerera fram till studentdagen. Den största lärdomen jag anammade och tog med mig från skoltiden är att "ingen är att lita på, misstro alla så slipper du bli sårad".

Det låter extremt, i efterhand kan jag ifrågasätta om det inte hade varit bättre att hoppa av gymnasiet och börja om nästa år eller byta skola. Men vi såg inte de alternativen som realistiska då. Jag gick i den gymnasieskola som låg närmast vår bostad och även farmor och farfars bostad. Jag hade gärna tagit ett sabbatsår, men insåg att det inte skulle vara enklare året efter, även om jag skulle slippa mobbarna i samma klass.

"Varför blev du mobbad?"

För mig var det en väldigt konstig fråga att få från släktingar och bekanta när de hade hört talas om mobbningen från mamma. Då hade jag inget svar, det enda jag *inte* hade blivit mobbad för var väl att jag bar glasögon under några år på mellanstadiet; dessutom blev jag irriterad på att det på något sätt skulle vara mitt ansvar att jag blev mobbad – det var väl ändå mobbarna som borde ifrågasättas?

～

På samma sätt som det inte pratades om psykisk mobbning när jag gick i skolan pratades det ingenting om NPF-diagnoser. Första gången jag hörde talas om autism var Dustin Hoffmans briljanta men mycket problematiska gestaltning i Rainman, så det är omöjligt att ens spekulera i om en tidigare diagnos i slutänden övervägande hade hjälpt eller stjälpt. Jag kan bara hoppas att situationen idag är bättre än vad den var då.

～

Med tanke på hur min vardag såg ut med mobbning och en konstant känsla av att inte passa in, utvecklade jag olika strategier för att kontrollera eller fly från verkligheten. Redan som barn hade jag en livlig fantasi som användes flitigt: jag var barfotaprinsessa i farmors rutiga klänning från ungdomen, delfinskötare till min mjukisdelfin och hade ofta en imaginär tvillingsyster.

Jag har alltid varit en textmänniska. Text är mitt förstaval som kommunikationsmedel med personer utanför min omedelbara familj. Text är också det sätt jag lättast tar till mig, och förmedlar, information och kunskap på eftersom min autistiska hjärna då hinner med och kan anpassa takten efter dagsformen. Således är böcker och låttexter mina primära överlevnadsstrategier.

Från den dagen jag knäckte "läskoden" var jag en bokmal av stora mått. Favoritböckerna läste jag om och om igen tills jag nästan kunde dem utantill. Att veta exakt vad som skulle hända var tryggt, även om jag gärna också läste om de familjära karaktärernas nya äventyr. Ofta använde jag också miljöerna och karaktärerna från böckerna för att fantisera vidare och infoga en version av mig själv i äventyren.

Tillsammans med Fem-gänget har jag utforskat Kirrin Island och letat skatter vid Finniston Farm. I sällskap av Kitty, bröderna Hardy eller systrarna Dana har jag letat ledtrådar för att lösa kluriga mysterier. Lotta och Jolly har genom sin impulsivitet fått mig att vrida mig av genans.

Sida vid sida med syskonen Pevensie och Aslan har jag kämpat för att rädda Narnia från Vita Häxan. När syskonen förirrade sig tillbaka till klädskåpet och verkligheten stannade jag kvar i Narnia som en trädnymf.

~

"Måste de sjunga på engelska? Jag förstår ju inte vad de sjunger!"

De frustrerade orden är mina från cirka 1987; flera av mina svenska favoritartister hade gett ut album enbart på engelska något år innan det var dags för engelskalektioner i skolan. Tidigare hade de flesta artister blandat låtar på både svenska och engelska så frustrationen var mer sporadisk. En stor del av mitt driv att bli bra på engelska härstammar nog från detta ögonblick.

Runt 1990 slog så ett pojkband igenom i Sverige och jag blev som besatt: New Kids on the Block. Mobbningen hade tagit fart ordentligt och de pojkar jag kände i min egen ålder var elaka skitstövlar. Fem snygga, lite äldre killar som sjöng om evig kärlek och trohet fyllde ett behov av positivitet och hopp hos mig.

Väggarna i mitt rum fylldes snabbt med bilder på bandet, den nya stereon i mitt rum spelade deras låtar på repeat och jag tittade ofta på deras konsert som jag hade inspelad på VHS. De räddade mitt liv genom att ge mig något att fokusera på och fantisera om. Till min stora sorg splittrades gruppen 1994, de hade försvunnit från media något år tidigare. De fortsatte dock att vara min tillflykt under resten av skoltiden.

She's taking her time, making up the reasons
*To justify all the hurt inside**

---

* *"To the Moon and Back", Savage Garden, 1996*

Sedan kom Savage Garden vars låttexter rörde vid min själ på ett sätt som ingenting hade gjort förut. Sångaren, Darren Hayes, var den som skrev deras låttexter. Trots att han var man och att jag då inte visste något om hans bakgrund lyckades han sätta ord på hur jag mådde och vad jag kände.

I know you feel like the walls are closing in on you
*It's hard to find relief and people can be so cold**

Efter att bandet splittrats 2001 fortsatte Darren som solo-artist, och när jag behöver känna mig sedd och förstådd, bli försäkrad om att saker blir bättre, eller om jag någon gång behöver hjälp att gråta så är det hans och Savage Gardens låtar jag lyssnar på.

And I want so much to believe
That I won't disappear in the water
That I won't always be swimming against the tide†

Jag försöker fortfarande hitta nivåerna för vad jag orkar och kan göra utifrån min autisms begränsningar och dagsform. De dagar när jag gjort mer än jag egentligen orkar, är det under-bart att krypa upp i soffan och sätta på mig mina brusreduce-rande hörlurar. Välja en låtlista med låtar som min hjärna tycker är avslappnande, luta mig tillbaka och låta musiken dämpa tröttheten.

～

Jag använder även tv-serier och filmer som ett sätt att fly verkligheten. Det finns filmer som jag återser igen och igen när jag känner att vardagen är överväldigande: Pride

---

* *"Crash and Burn", Savage Garden, 1999*
† *"Taken by the Sea", Darren Hayes, 2011*

and Prejudice från 2005 och live-action-versionen av Beauty and the Beast är två exempel. Under skolåren återkom jag till Flashdance och Dirty Dancing. Jag har alltid känt mig klumpig och avig, så Pennys elegans vid uppvisningsdanserna fascinerade mig.

Min stora favorit bland åttiotalets tv-serier var Fame, jag ville vara Nicole och gå på High School for Performing Arts i New York (eller åtminstone versionen som visades i serien). Även Toffelhjältarna och Solstollarna var favoriter som erbjöd en helt annan miljö än jag var van vid. Framför allt Solstollarna har ju fått mycket kritik för att vara avklätt och plumpt, men jag såg inte de delarna som barn. Jag sög i mig den varma gemenskapen i serien och jag älskade musiken och dansnumren.

Den tv-serie som har betytt mest, rent överlevnadsmässigt är Buffy the Vampire Slayer. I början av 2000-talet var jag djupt deprimerad, satt fast i ett tvättvång och ville dö, varje sekund jag levde gjorde ont i själen. För att stå ut med tillvaron, intalade jag mig själv att jag måste ju se hur det gick för Buffy och hennes kompisar.

Just då visades säsong fem i USA och det släpptes generellt ett avsnitt varje vecka. Tittandet fortsatte in i säsong sex, där serien har en väldigt mörk ton och jag kunde relatera till Buffys dåliga mående. Långsamt blev tillvaron bättre både för henne och mig.

～

E tt av de mer destruktiva sätt jag använt för att försöka kontrollera ångesten över den situation jag befann mig i var att jag utvecklade ett allvarligt tvättvång.

Det började oskyldigt någon gång på högstadiet, om jag hade varit kletig om händerna eller kom hem utifrån tvålade jag in och sköljde av händerna en extra gång. Efter ett tag började beteendet omfatta fler situationer, som efter toalettbesök, om jag rört något med en obehaglig textur eller temperatur. Jag vet att mamma klagade på att jag använde "för mycket" tvål och visade mig vad hon ansåg var en lagom mängd.

Under gymnasiet eskalerade det långsamt, jag tog ytterligare en omgång tvål efter toalettbesök och började använda tröj-ärmarna mellan när jag använde lysknappar eller handtag hemma.

När jag flyttade hemifrån, in i en lägenhet med en mot-bjudande portvakt som hade nyckel till min lägenhet och många konstiga beteenden för sig, eskalerade det ytterligare, om han hade varit inne i min lägenhet för att fixa något som var trasigt kände jag mig smutsig.

En morgon när det skulle komma någon och inspektera taket på byggnaden stod portvakten uppflugen på en stege utanför mitt köksfönster och torkade av fönsterblecket. Jag höll på och gjorde mig redo för dagen klädd i bara bh och trosor, och åter var jag i en situation där jag kände mig fruktansvärt otrygg vilket triggade en eskalation av tvånget.

Mina universitetsstudier hade vid det här laget fallerat som ett resultat av att min psykiska hälsa inte blivit bättre efter gymnasiet. En avsaknad av inkomst i kombination med otryggheten gjorde att jag flyttade ifrån lägenheten så fort jag kunde.

Jag kunde inte flytta hem igen eftersom mamma flyttat till en mindre lägenhet, och tyvärr valde jag att flytta in i farmor och farfars gillestuga i stället. Utrymmet i sig var mysigt, men relationen till farmor och farfar tog stryk eftersom jag mådde så dåligt. Dessutom hade jag svårt att hålla ordning på mina saker vilket orsakade konflikter med min pedanta farmor. Ofta flydde jag hem till mammas lägenhet på dagarna, där fick jag vara ifred när hon jobbade, men jag fick oerhörd ångest när det var dags att gå hem, något jag lindrade med mer handtvätt.

När jag fick en provanställning flyttade jag åter in i en egen lägenhet, trots att jag hade vantrivts på företaget redan när jag hade en praktikplats där – boendesituationen behövde lösas eftersom jag då i praktiken bodde hos min mamma. Min psykiska hälsa rasade totalt under provanställningen. Så länge jag hade ett slutdatum kunde jag stå ut, men veckan efter att jag blivit erbjuden och accepterat en tillsvidareanställning kraschade jag totalt och blev långtidssjukskriven.

Tvånget hade eskalerat under provanställningen och när jag upptäckte silverfiskar i min lägenhet kändes även den smutsig. Åter började jag vantrivas i mitt hem och flydde hem till mamma, som egentligen inte hade plats för mig. Hittills hade jag ändå haft kontroll och kunnat begränsa tvångstvättandet, men i början av år 2000 inföll dagen och händelsen som fick tvånget att skena.

Mammas särbo hade fått en ny tjänstebil, och den här dagen var vi ute och testkörde den. På eftermiddagen hamnade vi på IKEA för en kisspaus. Varuhuset var mycket välbesökt den dagen så städningen på damtoaletten var eftersatt. Det var ofräscht både i och runt toaletter och tvättställen, hela utrymmet luktade fränt och jag kände mig så äcklig efteråt. Det enda jag ville göra var att åka hem och skrubba hela kroppen.

Vi var dock några mil hemifrån, och dessutom var vi inte klara med testkörningen.

Ingen visste om mitt tvättvång och jag visste inte hur eller vad jag skulle säga, särbon var en relativt ny bekantskap och jag var fortfarande avvaktande till honom, så jag tystnade bara och satt med obehaget i några timmar till. Efter den dagen ökade tvånget gånger tio.

Min samtalskontakt på vårdcentralen hade remitterat mig till den psykiatriska enhet som låg närmast hem och jag hade fått en samtalskontakt där. Mamma och jag hade sammandrabbningar varje gång när planen att jag skulle flytta hem till mig igen fallerade. Nu skulle mamma flytta ihop med sin särbo i en annan lägenhet, något som tvingade fram en kris hos mig, och äntligen rämnade fasaden – gråtande och hulkande berättade jag om tvånget, först för mamma och sedan för samtals- kontakten.

I efterhand önskar jag att samtalskontakten insett att hon inte hade verktygen för att behandla tvånget, nu hann det eskalera fritt i ytterligare ett år eller två. Detta var dessutom en ganska turbulent period: min mamma flyttade ihop med sin särbo, jag flyttade till en ny lägenhet under ganska dramatiska former och dessutom dog min högt älskade farfar.

Vid det här laget gick det åt en halvliter flytande tvål varje gång jag tvättade händerna, för att känna mig ren eller färdig behövde jag tvåla in och skölja av händerna 2000 gånger – utan att komma åt något "smutsigt" för då fick jag börja om igen.

En dusch tog ungefär två timmar, med repetitiva intvålningar av varje kroppsdel, inklusive håret. Jag tyckte att badlakan och handdukar blev orena så fort de nuddade min kropp och själv- torkade därför alltid. Före och efter duschen krävdes också en omgång handtvätt så att händerna blev rena.

Något av det äckligaste jag visste var avföring (även min egen), och för att undvika det i möjligaste mån åt jag så lite som möjligt och tog Imodium dagligen. Avföring ledde oundvikligen till dusch, vilket förstärkte oviljan ytterligare. Urin var inte lika illa, men eftersom toaletten var äcklig och handtvätt var nödvändig så försökte jag ändå minska antalet gånger. Jag tyckte att min säng var smutsig och sov och spenderade dagarna i en fåtölj i stället. Misären var total och jag var paranoid över att mamma skulle försöka skaffa hjälp åt mig som i sin tur skulle tvinga mig att avstå från tvångandet.

Tvånget höll mig fånge, men var samtidigt det enda sätt jag visste att hantera ångesten. Så fick jag en urinvägsinfektion som gick upp i njurarna. Vid det här laget var jag avmagrad till skinn och ben och jag var livrädd för att mamma, som skjutsat mig till jourcentralen för att få hjälp, skulle "skvallra" på mig till läkaren.

Det gjorde hon inte; jag fick medicin mot urinvägsinfektionen och den blev bättre – i övrigt fortsatte jag som förut. Ytterligare tre urinvägsinfektioner inom ett år signalerade dock att situationen var ohållbar, så jag började byta ut en del av tvångandet mot lager av plasthandskar. Samtidigt bytte jag medicin för tredje gången, nu till en som skulle vara bra mot just tvång / OCD.

På internet hade jag snavat över en självhjälpsmanual för människor med OCD och med hjälp av den började jag trappa ner tvättandet och användandet av flera lager av plasthandskar. Den nya medicinen underlättade till viss del, men medförde självmordstankar – något jag inte insåg förrän efteråt, när jag slutat med den. Jag fortsatte sova i fåtöljen, men kroppen började ta stryk: mina sedan tidigare krånglande knän gjorde ont konstant, det var ofta svårt att hitta en bekväm position och att sova sittande natt efter natt var inte så vilsamt.

För mig är det väldigt lätt att förknippa mitt mående med den plats där jag vistats, det är som att väggarna absorberar ångesten och depressionen. Efter att ha lyckats kravla mig upp ur det värsta tvånget på egen hand kände jag nu ett stort behov av att byta miljö. Jag hittade en lägenhet i närheten och lovade mig själv att lämna det sista av tvånget i den gamla lägenheten – och det fungerade. Den nya medicinen jag fick fungerade bättre, jag hade en ny terapeut som stöttade mig, jag började äta igen och gick från ena ytterligheten till den andra och plötsligt fanns det plats för annat.

Arton år senare har jag varit med om både toppar och dalar; körkort, en kandidatexamen, djupa depressioner, misslyckade studier och en autismdiagnos. Delar av tvånget har jag fortfarande kvar: jord, offentliga toaletter, sopor och soprummet är fortfarande problematiska, men de sakerna kan jag oftast undvika eller hantera på ett annat sätt än med överdriven tvättning. Dessutom viskar tvånget fortfarande i mitt öra när jag är stressad, deprimerad eller behöver byta antidepressiva, men jag har verktyg för att hantera det.

∼

NU DÅ?

D et är svårt att ändra gamla tankebanor och min autismdiagnos tillhandahöll ingen quick fix. Fyra decennier av "alla andra vill ju", "alla andra kan ju" och "vill du så kan du" har lämnat själsliga ärr som sannolikt aldrig kommer att läka. Diagnosen ger däremot ett nytt perspektiv på varför min tillvaro har sett ut som den gjort och tillhandahåller en karta över vilka specifika styrkor och svagheter just jag har.

Min autistiska hjärna är väldigt bokstavlig samtidigt som den anammat mobbarnas elakhet. "Vill du så kan du" förvandlades till "om du inte kan / orkar så vill / försöker du inte tillräckligt, och då är du lat och en usel människa som inte vill göra rätt för dig". En inställning som flera gånger drivit ner mig i djupa depressioner eftersom jag har "bitit ihop, kämpat på och inte känt efter" tills jag nästan stupat.

Hela mitt liv har jag jämförts med neurotypiska människor och därför alltid setts som den svaga / defekta. Autismdiagnosen förklarar varför jag alltid känt så men fastställer också att det inte är mitt fel – min hjärna fungerar annorlunda, och oavsett ansträngning ändras inte det. Hade jag gått i skolan idag hade jag förhoppningsvis fått tillgång till stöd och anpassningar.

Nu är jag ju vuxen och får försöka implementera anpassningar och sänkta krav på egen hand. Det är ofta frustrerande eftersom min ork alltid tar slut innan att-göra-listan. Saker som att planera in tillräckligt med återhämtning och att inte lassa på för många ärenden "när jag ändå ute" är något som jag fortfarande försöker bemästra. Likaså att sluta maskera / kamouflera mina svårigheter och känna det jag känner.

Det jag vet är att jag kommer att må bättre ju mer "autentiskt jag" jag blir. Så jag skalar bort sociala sammankomster, jag efterfrågar anpassningar (nåja, så länge jag inte känner att jag ställer till för mycket besvär) och jag använder stim-leksaker och brusreducerande hörlurar vid behov. De senaste tjugofem åren har mina djupare depressioner kommit med fem-sex års mellanrum – nu är det åtta år sedan sist. Ett tydligt tecken på att jag är på rätt väg.

~

Aldrig färdig

Jag håller på att gå sönder
har för lite energi för mina måsten.
Återhämtning blir ytterligare en punkt
på en aldrig sinande lista.

'Autister mår bäst med ordning kring sig',
har högar som stressar och tynger:
men när det aldrig var ordning från början,
hur tacklar jag oredan nu?

Har ingen energi till att rensa,
försöker bara överleva dagen,
längtan efter att få falla sönder är enorm.
Håll fast, håll ihop, håll ut...

Men vem plockar upp mina delar?
Vem tar över om jag slutligen ger upp?
Mitt liv har ingen 'fairytale ending'
Ingen annan handlar, tvättar, lagar mat.

Målet är att avmaskera:
att bli mer autentiskt jag.
Hur ska det gå till när kraven aldrig tystnar?
När jag aldrig tycks bli klar?

Den krassa verkligheten
för en ensamstående autist:
Ingen handlar om inte jag handlar,
smutstvätten blir inte ren.

Om jag inte gör det idag, som planerat,
blir det tjugo gånger värre nästa gång.
Utåt sett kämpar jag vidare –
inuti är det någonting som dör.

~

Tillflykt

Jag sluter ögonen och flyr
bort från stadens konstanta matta av oljud
från vardagens borden och måsten
glömmer krämpor och ångest.

Jag flyr till en plats
där hela sommarlovet ligger framför mig
fågelsång och vindsus är det enda som hörs
solens strålar får sjön att glittra.

Ingen stress; jag har all tid i världen
att dricka kall apelsinsaft på altanen
gå en lång, härlig skogspromenad
kanske plocka smultron på strån.

Yatzy på altanen med farfar.
Molnskådning på gräsmattan med farmor.
Kittla ödlorna som solar på brunnslocket med grässtrån.
Friheten att färdas bakpå farmors cykel.

Mitt eget sommarparadis
oberört av tidens gång
och årstidernas skiftningar;
en tillflykt när nuet överbelastar mig.

～

Den vackraste platsen

Den vackraste platsen
är ett hus fullt av minnen.
Ett sextiotalskök
fyllt av trygghet och tröst.
Två varma hjärtan,
samstämda själar.
Här finns plats för ett barnbarn
alltid välkommen in.

Samtal om livet,
medgång och motgång
Förhoppningar krossas
när sinnet blir skört.
Sen saknade fotsteg,
en tystnad som skriker
Två samstämda själar
där en har gått bort.

Dynamiken förändras
när dagarna räknas
Ett liv göms i dimmor
när hjärnan blir trött.
Den vackraste platsen
får nu bo i mitt minne
För tiden är kommen –
dags att säga adjö.

❧

MITT UPPDRAG HÄR PÅ JORDEN

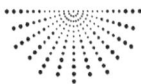

EN RAPPORT

ORKANISTEN

En kort stund är jag här. I detta liv. På denna jord. Människorna upplever denna stund som väldigt lång. Vi har ju lite olika tidsuppfattning.

Vem var du innan du blev människa?

Var var du innan du byggde bo i din mors innersta?

Många av människorna verkar tro att de var ingenstans då. Betänk att även ingenstans är någonstans. Där detta någonstans inte är en specifik punkt som kan tas fram med hjälp av koordinater. Ingenstans är överallt.

Du var ingenstans. Men, älskade du. Du var överallt. Innan du kom hit var du allt. Du var jag, jag var du. Jag älskar dig.

Just nu är jag "någonstans" i alla fall.

Denna gång landade jag i den här mänskliga varelsen som jag kallar "jag".

Jag vistas här i en kropp som tydligen ska föreställa själens manifestation. Det här med att vara i en kropp är en synnerligen främmande upplevelse för mig.

Kroppen, denna koloss, denna tunga energiförtätning. Att dagligen behöva forsla fram den här köttklumpen. Ben ska lyftas, armar ska pendlas fram och tillbaka, helst i någon sorts jämn takt. Jag tror inte jag någonsin varit inuti en sådan här kompakt kroppsklump tidigare.

En sak man absolut inte får glömma när man har en kropp, är att andas. Det måste man hålla på med precis hela tiden. Om man råkar glömma att andas, om så bara för en liten stund, slutar kroppen att fungera. Den går då inte att använda längre och ens jordiska uppdrag är därmed slut.

Även om det ibland kan vara oerhört frestande att sluta andas för att slippa vara instängd i köttklumpen vill jag ändå med bestämdhet uppmana er att ha fördragsamhet med den. Vi är ju trots allt här på Jorden en kort stund för att lära oss om människorna. Passa på och lär er så mycket ni kan när ni ändå är här. Ni har själva valt detta innan ni steg ner hit.

Det är en ynnest att få ha en mänsklig upplevelse, även om det inte alltid känns så. Och för att kunna göra det krävs det att man vistas i en mänsklig kropp. Sådana är reglerna.

Kanske skulle jag i stället kalla denna rapport för "Kroppen – en vandring i sirap och dy". För det är oerhört ansträngande att släpa på detta kroppsåbäke.

Människorna här använder dessutom ord för att separera sig själva, som om de bestod av olika delar: kroppen, själen, psyket osv. Själv föredrar jag att benämna alla dessa delar som "varelsen". För att understryka att vi är helhet, inte delar.

Var glada att ni inte minns lättheten i tillvaron innan människolivet. Eller alla liven på andra planeter och platser i universum. De flesta platser är lättare än denna jord. Att minnas, att veta var man kommer ifrån och varför man är här, är inte alltid att föredra. Men, eftersom jag just denna gång fick behålla minnet och vetskapen, tänkte jag nu berätta det för er.

Mitt uppdrag här är att studera människorna, dokumentera hur det är att vara en människa och leva ett människoliv. Jag har även fått i uppdrag att transformera så många livstrauman jag bara hinner, under min korta vistelse här. Det är ett mycket betungande uppdrag, men jag tackade ja till detta med glädje. Det är en ynnest att få vara med och befria den här planeten från oändliga rader av generationstrauman som legat som en tung våt filt över denna gudomligt vackra planet under tusentals år.

Det blir lättare snart, det lovar jag er. Håll ut, älskade människovarelser.

Hursomhelst kan ni ju tänka er att jag har mycket att göra.

～

För att jag skulle kunna studera och dokumentera människans liv var det därför tvunget för mig att behålla minnet från andra sorters liv, både från andra platser i universum men även från alltet.

Jag har endast försetts med partiell glömska vid nedstigandet. För att överhuvudtaget kunna leva ett människoliv behövde jag låta mitt synfält begränsas. Det mänskliga ögat ser oftast bara kulisserna, rekvisitan och skalen skulle man kunna säga. En del människor har dock fått ett något vidare synfält, så de ser lite andra saker än de flesta människor. Själv upplever jag att jag har lättare att se bortom kulisserna när jag blundar. Det kan ni prova!

Att vara människa innebär att man har tillgång till en högst begränsad logik. Det gäller även oss dokumenterare, även om vår logik ofta är något mer vidsträckt.

Det vanligaste är att man begåvas med total minnesförlust när man landar här. Det gör människotillvaron betydligt enklare.

Man känner sig då som hemma här under hela livet som människa.

Då får man också något som kallas "automatisering". Det betyder att all daglig skötsel av ens människovarelse och andra saker man behöver göra när man är i en kropp, sköts automatiskt. Det är alltså inget man behöver tänka på. Man bara sköter sin varelse, det går av sig själv och man har massa energi över för att göra andra saker.

Men vi som är hitsända på dokumentationsuppdrag behöver tyvärr avstå denna förmån. Vi får helt enkelt försöka reda ut dessa dagliga göromål helt manuellt. Det är oerhört tids-ödande och tar mycket ork att behöva tänka igenom och genomföra alla dessa sysslor.

Som jag avundas er som fick automatisering!

Ibland, när jag totalt utmattad av dagens sysslor, undrar jag hur de egentligen tänkte när de skickade ner oss utan auto-matiseringsförmånen. Vi hinner ju knappt något annat än att ta hand om vår varelses olika behov.

När ska jag ha tid och ork att dokumentera?

Dessvärre är det dock så, att för att kunna dokumentera människorna och allt som hör därtill krävs det att man kan betrakta allt detta utifrån, och det kan man bara om man inte själv har de förmågor man studerar. Det är ett hårt jobb, men någon måste göra det, som vi brukar säga.

För många av oss dokumentationsansvariga är vardagen så pass komplicerad och energikrävande att vi behöver hjälp av människor som fått automatiseringsförmånen. Stort tack till er som dagligen hjälper oss, utan er hade vi aldrig klarat vårt uppdrag. När jag ser människorna hjälpa varandra, då är det som att jag får en glimt av mitt universumhem. Det är så vackert att se.

Trots min manuella otympliga skapelse har jag märkt att det finns saker jag kan hjälpa automatiseringsmänniskorna med. Jag har märkt att det ofta är svårt för dem att tänka nya tankar. De tänker samma tankar om och om igen och fastnar därför lätt i gamla uppkörda spår och tankemönster. Då kan jag komma in och visa nya, mer okonventionella lösningar på deras problem. Det brukar uppskattas, men ibland verkar de dock tycka att mina förslag är alltför kontroversiella.

Människor kan vara lite rädda för att göra saker annorlunda. De är sociala varelser, nästan som flockdjur. Det är väldigt viktigt för dem att bli accepterade i sin människogrupp. Det anses därför lite farligt att göra saker som andra människor tycker är konstigt. De kan av detta skäl låta bli att göra saker på det sätt som egentligen skulle vara mest praktiskt och funktionellt. Jag glömmer ofta bort den där mänskliga flockmentaliteten och behöver anstränga mig för att inte bete mig alltför avvikande.

Många av oss dokumenterare är ju ändå djupt påverkade av den mänskliga aspekten i oss, vi är ju trots allt i någon mån människor den tid vi är här. Det är vanligt att vi blir deprimerade och upplever att vi är ensamma. Vi känner ju ingen tillhörighet bland människorna och det blir svårt då den mänskliga aspekten i oss har stort behov av tillhörighet och gemenskap.

Människorna verkar i allmänhet lida en hel del av "illusionen av separationen". Alltså den illusion som gör att de inte ser att vi är ett, vi är alltet. När man ser igenom den illusionen kan man aldrig mer känna sig ensam.

V i som är medvetna om att vi är här på Jorden i detta uppdrag kan ibland finna någon sorts gemenskap med andra medvetna dokumenterare. Det är dock inte alltid man känner till sitt livsuppdrag på ett medvetet plan och då blir tillvaron här betydligt svårare. För uppdraget spelar det ingen roll om man minns det eller ej, man utför det ändå.

Alla har ett livsuppdrag här på Jorden och jag önskar så att fler människor lyckades minnas åtminstone det. Det är en av sakerna jag kommer att rapportera in när jag reser hem. Vi får hålla tummarna för att denna uppdatering går igenom så att ni får information om ert livsuppdrag mer lättillgängligt i medvetandet. Det skulle göra er gott, tror jag!

Tills dess kan jag varmt rekommendera att ni ägnar en del av er tid här åt det ni kallar för meditation. En hel del människor har börjat minnas sitt livsuppdrag genom denna teknik. Med hjälp av meditation kan ni med lite övning koppla upp er mot alltet, vårt gemensamma vi. Det kommer att göra er tid i er mänskliga varelse betydligt mer angenäm och fridfull.

~

N är mitt dokumentationsuppdrag är slut, kommer jag att lämna tillbaka min mänskliga kroppsfarkost till Jorden och bege mig hemåt för avrapportering till de planetansvariga. Därefter görs diverse uppgraderingar och förbättringar av människosläktet.

Förändringar har gjorts löpande under hela den mänskliga historien, jag ska ta ett exempel:

En kollega till mig var nere på Jorden på ett dokumentationsuppdrag för ett tag sedan och noterade att en liten grupp människor hade börjat försöka dricka mjölk från djur. Detta tålde inte människans kropp, de mådde riktigt dåligt av det.

De planetansvariga beslöt då att göra en uppgradering av just denna människogrupp på prov så de skulle kunna dricka mjölken utan att bli akut sjuka. Den uppdateringen pågår fortfarande, människokroppen är ännu inte helt anpassad efter den nya kosthållningen. Ett slutgiltigt beslut är ännu inte fattat om uppdateringen ska fortgå eller om den ska avbrytas.

Men människorna experimenterar numera hejvilt med att stoppa i sig allehanda märkliga saker som inte är avsedda som mänsklig föda, och de blir naturligtvis sjuka. Jag undrar vad de planetansvariga tänker göra åt den saken. Den som lever får se!

Det har nu blivit dags för mig att transformera några sista, riktigt tunga generationstrauman innan jag beger mig hemåt. Jag är väldigt trött nu, längtar hem, behöver vila.

Till alla er som kämpar med er mänskliga upplevelse: Jag ser er, jag känner er kamp. Tids nog får ni också komma hem, men tills dess: Lev. Lev allt vad ni orkar. Lev i varje stund. Lev i mellanrummen mellan stunderna.

Tills vi ses igen: Jag önskar er ett omtumlande, flödande, levande liv.

～

INGEN ÄR SOM JAG

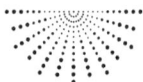

MONIKA WOLDRICH

Har aldrig sett någonting
som liknar mig
någonstans
Av alla historier som berättas
är det som jag inte fanns
Som röda löv i vinden
en septemberdag
Alla lika vilset vackra men
ingen är som jag[*]

~

I ngen är som jag. Och eftersom jag aldrig har haft de sociala färdigheterna som en neurotypisk människa har så har jag börjat maskera. Jag har spelat mina roller så länge och så bra att ingen längre vet vem *jag* är där bakom masken. Inte ens jag själv. Men som vuxen har jag alltmer börjat leta efter svar på det.

---

[*] *"Ingen är som jag", Eva Dahlgren, 2007*

Och efter många års letande trodde jag att jag äntligen hade hittat svaret på varför ingen är som jag. För när jag läste om högkänslighet så kände jag igen mig väldigt mycket i det. Och jag trodde länge att jag faktiskt hade hittat rätt så jag nöjde mig med den "diagnosen." Jag läste allt som jag kunde hitta om högkänslighet, och jag blev allt mer övertygad om att jag hade hittat rätt.

Men i min jakt på fler böcker i det ämnet så råkade jag se en bok som handlade om flickor och kvinnor med adhd. Jag blev nyfiken då jag aldrig hade sett en bok som handlade om flickor och kvinnor med adhd. Jag visste inte ens att den diagnosen existerade hos flickor och kvinnor.

Vetgirig som jag alltid har varit så tog jag upp boken och läste på baksidan vad boken handlade om. Och, jag slutade nästan att andas, hjärtat började slå fortare, det lät ju som om författaren skrev om *mig*! Jag kände att den där boken måste jag läsa omedelbart! Så jag köpte boken och jag började läsa. Jag kunde inte släppa boken förrän jag hade läst klart den. Jag blev både förvånad och exalterad på samma gång! Det var ju inte högkänslighet som var svaret på mina problem. Inte bara i alla fall, för jag hade ju adhd!

Jag hade aldrig hört talas om adhd i något annat sammanhang än när det varit tal om stökiga pojkar. Men författaren menade på att adhd även finns hos flickor och kvinnor men att den många gånger inte syns lika tydligt som den gör hos pojkar och män. Författaren förtydligade det hela genom att ta upp hur olika pojkar och flickor med adhd är i skolan. Pojkarna gör oftast allt för att få allas uppmärksamhet. Medan flickorna med adhd oftast gör precis tvärtom. De använder all sin energi till att försöka vara som alla andra, bara smälta in, inte göra så stort väsen av sig.

Flickorna vill vara omtyckta av både klasskamrater och lärare. Det här kände jag verkligen igen mig i, jag ville också bara smälta in, och jag ville att alla skulle tycka om mig. Det var därför jag började maskera, jag gav alla den versionen av mig själv som jag trodde att de ville ha.

Hade jag äntligen hittat svaret på varför ingen är som jag?! En rejäl NPF-utredning startades och, ja, absolut, jag hade ju adhd, men jag var även autistisk! Men, oj!! Inte underligt att jag har fått kämpa så hårt i mitt sextioettåriga liv.

När jag föddes på 60-talet så var autism och adhd främmande diagnoser för de allra flesta. Och det var framför allt inga diagnoser som vi *flickor* fick. Så det är ju egentligen inte så underligt att jag inte fick dessa diagnoser som barn. Men det är ändå mycket sorgligt då jag har fått kämpa mer än de flesta på grund av dessa oupptäckta funktionsnedsättningar.

Ingen hade förstått mina problem, vare sig min omgivning eller jag själv. Forskningen på dessa diagnoser hade inte kommit längre än till att det bara var mycket speciella pojkar som fick dessa diagnoser. Min omgivning såg mig bara som en mycket, mycket blyg flicka.

De första åren i mitt liv var i alla fall harmoniska och bra. Jag kände mig älskad och jag var lycklig. Jag lekte ofta själv och det var precis så jag ville ha det. Livet var så enkelt.

Jag var glad så länge jag fick vara i min trygga värld där alla dagar var likadana. Jag gillade inte när jag inte fick mina vanliga dagar. Då blev jag osäker och rädd. Jag minns exempelvis en dag när jag var tre–fyra år och min mamma var tvungen att göra något där jag inte kunde vara med. Då åkte vi till min moster och väl där så låtsades de att vi bara var där på en vanlig fika. Men, de hade lagt upp en plan… För när jag minst anade det så var min mamma bara borta!

Jag blev helt förtvivlad! Jag förstod inte. De trodde nog inte att jag skulle bli så traumatiserad av den händelsen. De ville självklart bara väl. Men det sveket gjorde så ont! Och eftersom jag minns det än idag så var det en väldigt traumatisk upplevelse för mig.

När jag hade åldern inne så började jag gå på lekis. Då tvingades jag att vara tillsammans med en massa främmande barn och vuxna. Jag stod bara i ett hörn och tittade skräckslaget på hur de andra barnen stojade och lekte. Jag ville inte vara med. Jag ville gå hem. Hem till tryggheten. Och jag rymde hem från lekis så fort jag fick tillfälle. Jag vantrivdes något så fruktansvärt och jag förstod inte varför jag skulle straffas genom att vara på detta hemska, hemska ställe.

På fritiden lekte jag för mig själv. Ända tills en liten granntjej kom fram till mig och ville leka. Hon var väldigt intensiv och det var fullkomligt omöjligt för mig att bli av med henne så jag sprang hem till mamma. Då förklarade mamma för mig att tjejen bara ville leka med mig. Jag var inte särskilt intresserad, men för att göra mamma glad så gjorde jag ett försök. Och det gick faktiskt riktigt bra, "Elise" blev min allra första vän. Men tyvärr så flyttade vi ett år senare till en annan stad.

När vi hade flyttat till den nya staden så var jag tvungen att gå på lekis även där. Och den var lika vidrig i den nya staden. Men snart var lekskolan ett minne blott. För efter sommaren så var det dags att börja i första klass! Jag tyckte att sommarlovet var ofantligt långt! Jag hade så tråkigt i den nya staden. Jag tyckte inte alls om att vara ute på gården eftersom det var så många högljudda barn där. Så jag var i stället inne i lägenheten och pysslade i min ensamhet.

Jag var så spänd på att börja i skolan! Jag trodde verkligen att det skulle bli jättekul. Men jag trivdes inte där heller utan jag smög ofta hem. Men sedan fick jag höra att det i Sverige råder *skolplikt* och då blev jag helt skräckslagen! Jag tog ju allt bokstavligt så jag var säker på att polisen skulle komma och ta mig om jag inte stannade kvar i skolan. Så jag härdade ut mitt första år i skolan eftersom jag inte ville att farbror polisen skulle bli arg på mig...

På sommarlovet efter första klass så flyttade vi till ett hus. Och nu kunde jag vara ute och leka utan att det kryllade av barn överallt. Nu kunde jag till och med stanna och leka på min egen gård om jag ville. Det var en underbar sommar! Men sedan kom hösten...

Ännu ett trauma utspelade sig i mitt liv när jag, på grund av flytten till huset, var tvungen att åka skolbuss till skolan. Jag ville inte åka, men då tvingade både barn och vuxna in mig i skolbussen trots att jag protesterade. Jag grät och jag spjär- nade emot, jag var helt förtvivlad. Men så fort bussdörrarna stängdes om mig så slutade jag att gråta för att jag skämdes inför de andra barnen. Jag ville inte att de skulle titta på mig. Jag ville vara osynlig.

Detta trauma utspelade sig varje vardag i flera veckor. Men till slut så förstod jag att livet skulle bli mycket enklare om jag började maskera. Så jag slutade gråta och jag slutade känna. Jag började fejka hela mitt liv. Jag tyckte att det var lättare att orka med livet om jag bara stängde av. Och nu, när jag tittar på foton av mig själv som barn så kan jag faktiskt se *när* jag slutade vara jag...

∾

And just fake it if you're out of direction
Fake it if you don't belong here
Fake it if you feel like affection
*Whoa you're such a fucking hypocrite**

∾

---

* *"Fake It", Seether, 2007*

I andra klass blev det i alla fall lite bättre för då hade jag fått kompisar som jag lekte med både på rasterna i skolan och på fritiden. Men jag tyckte det var jobbigt på lektionerna. Jag ville ju bara vara ifred, jag ville inte att läraren skulle se mig.

Men läraren "Kalle" var väldigt medveten om mig och fast jag aldrig räckte upp handen så frågade han mig titt som tätt om svaren på frågorna. Han tyckte dessutom att det var en jättebra idé att vi skulle ha högläsning i klassen varje dag. Och, då var ju även jag tvungen att läsa högt. Läraren sa nästan varje gång som jag läste:

– Högre, Monika! Jag hör inte!

Och då tittade givetvis *alla* på mig och jag tyckte det var vidrigt! Så lektionerna var sådär. Men, jag hade i alla fall vänner. Och även om jag kände att jag inte riktigt var som dem så var det oftast roligt att leka med dem. Lek förstod jag.

~

Även om jag till synes mådde bra som barn så har jag nu i efterhand förstått att jag inte alls gjorde det. Jag hade ju lärt mig att maskera så det var ingen som såg hur dåligt jag egentligen mådde. Jag antar att min matvägran som kom när jag var i tioårsåldern var någon slags protest mot att ingen såg. Ett rop på hjälp.

Jag lades in på sjukhus där de skulle utreda varför jag inte åt. Men väl där så fick jag inte någon hjälp alls. Utan där utspelade sig i stället ännu ett trauma i mitt liv.

Sjuksköterskorna försökte övertala mig, att jag frivilligt skulle gå med på att de skulle ta ett blodprov i armbågsvecket. Men jag vägrade då jag aldrig hade gjort det tidigare. Jag hade bara tagit blodprov i fingret och det tyckte jag var tillräckligt läskigt. Och blåögd som jag var så trodde jag att de accepterade mitt beslut. Så jag var helt oförberedd på det som hände nästa dag. En sköterska kom fram till mig och sa:

– Vi ska ta blodprovet i fingret precis som du vill. Kom in här så fixar vi det nu med en gång.

Jag följde med då jag trodde på henne, men när jag väl klev in genom dörren så stod det ett helt gäng med sjuksköterskor och väntade på mig. Jag blev livrädd och försökte springa därifrån, men jag blev övermannad och de tvingade ner mig på en brits. Jag låg där och skrek och grät samtidigt som en massa människoarmar höll ner mig så att de kunde genomföra provtagningarna trots mina högljudda protester.

Jag var kvar på sjukhuset en tid. Så jag fick komma hem på permission över en helg. Men det var också en planerad kupp mot mig. För när jag kom hem så lurades jag att äta igen genom att jag bjöds på kakor. Vilket barn kan motstå sådana frestelser?! Så som jag minns det så avskrevs min matvägran sedan bara som något trams som jag hittade på för att få uppmärksamhet. Någon vidare utredning gjordes i alla fall inte.

Jag kände att ingen lyssnade på mig. Ingen respekterade mig. De vuxna bara körde över mig. Och jag som alltid hade respekterat de vuxna började nu verkligen tvivla på dem. För nu hade jag, på kort tid varit med om både lögner, svek och våld från de vuxna. Jag var både chockad och rädd. Jag hade fram till nu varit en väldigt naiv och godtrogen liten flicka som trodde alla om gott.

～

M en livet rullade på. Jag gick i skolan och jag lekte med mina kompisar på fritiden. Jag hade bra och dåliga dagar precis som nu. Men det var lättare att bli glad på den tiden. Jag gick bara ut och lekte lite, eller pysslade i mitt rum och så blev jag på bra humör igen.

Och skolan funkade ok, ända till slutet av sexan, då en tjej kom på besök till vår klass. Jag kände genast igen henne då vi gått i samma klass i ettan. Magistern Kalle berättade för klassen att hon skulle börja i vår klass i sjuan. Och sedan kom den ödesdigra meningen som skulle förstöra min fortsatta skolgång:

– Och, Monika, du känner ju "Sigrid" sedan tidigare så du får ta hand om henne.

Och jag som tog allt bokstavligt kände det ju som att jag var *tvungen* att göra det.

När sedan sjuan började så tappade jag kontakten med alla gamla kompisar eftersom jag kände att det var min plikt att vara vid Sigrids sida. Sigrid själv var direkt otrevlig mot de övriga klasskamraterna när någon försökte närma sig oss. Hon ville ha mig för sig själv.

Jag tyckte att hon var ganska knepig men jag genomförde givetvis mitt uppdrag. Det fanns inte på kartan att jag skulle svika henne. Det var ju mitt uppdrag som jag fått från magistern. Men det var tufft, framför allt på rasterna, för vi hade verkligen *ingenting* gemensamt. Och jag försökte verkligen. Men när vi inte hade något gemensamt att prata om så var det svårt.

På fritiden umgicks jag med "Klara" som jag lärt känna på sommarlovet innan högstadiet. Vi hade mycket kul men hon sårade mig också djupt då hon ofta "glömde bort" våra träffar. Jag tog det mycket personligt. Och mina avstängda känslor vaknade temporärt upp med mycket vrede och sorg. Betydde jag verkligen inte mer för henne?

Jag blev så ledsen och jag blev väldigt osäker på vår relation. Men samtidigt så behövde jag ju henne, jag behövde någon som jag kunde hänga med på fritiden. Jag behövde vara med någon som jag hade något gemensamt med. Sigrid gav mig ju ingenting. Sigrid var ingen vän, hon var i mina ögon ett oavlönat arbete.

Klara var ingen vän hon heller egentligen. Men jag behövde henne just då fast hon gjorde mig så illa. I den här perioden så mådde jag inte alls bra. Och jag funderade mycket på livet och jag undrade varför ingen förstod hur dåligt jag mådde...

～

Do you ever feel like breakin' down?
Do you ever feel out of place?
Like somehow you just don't belong
And no one understands you

Do you ever wanna run away?
Do you lock yourself in your room
With the radio on turned up so loud
*That no one hears you screaming?**

～

J ag var djupt deprimerad under hela högstadiet. Men ingen såg. Hade jag under den perioden träffat människor som ville ha med mig på bus så hade jag varit ett väldigt lätt byte. Jag var så svältfödd på kärlek och på någon som såg mig. Så jag hade med glädje hoppat på nästan vad som helst.

Högstadiet fortsatte att vara en pina ända tills jag i nian pryade på ett ställe tillsammans med en annan tjej i klassen. "Evy" och jag klickade. Och jag kände att *äntligen* fick jag känna mig som den tonåring jag var. Vi gick på fester och vi busade och hade kul.

---

* *"Welcome to My Life", Simple Plan, 2004*

Livet lekte – äntligen! Förutom i skolan då. Sigrid tyckte inte alls att det var ok att jag umgicks med andra. Så hon blev otrevlig mot mig med, och vi gled alltmer isär. Jag skämdes samtidigt som jag njöt av att äntligen få göra det som tonåringar gör...

Det gick bättre för mig i skolan nu när jag mådde bättre. Men det var omöjligt att rädda upp betygssituationen då det bara var några månader kvar på den sista terminen. Så jag slutade högstadiet med väldigt dåliga betyg.

Eftersom jag fick så dåliga betyg så hade jag bara två gymnasielinjer att välja på. Jag valde den som lät minst pest. Och där gick det faktiskt riktigt bra. Jag fick fina betyg och skolkamraterna var ok. Fritiden var värre eftersom Evy börjat plugga på annan ort.

Jag var så uttråkad! Jag började röka och jag började hänga i centrum. Och utan något konsekvenstänk så slutade det med en tonårsgraviditet. Sjutton år gammal så var jag gravid. Lite tidigare än tänkt kanske. Men jag blev så glad! Det blev även barnets pappa så vi flyttade ihop för att leva familjeliv.

Livet rullade på. Men jag mådde inte bra. Jag hade verkligen behövt hjälp och stöd. Men ingen förstod, allra minst jag själv. Vi stannade kvar i den lilla staden några år till. Men vi förstod efter ett tag att vi inte längre var önskvärda där. I alla fall inte jag. Falska rykten florerade och sådana rykten är svåra att ta död på så vi flydde.

Vi flyttade till en annan stad. Vi skaffade fler barn. Villa och vovve. Det vanliga Svenssonlivet alltså. Men jag mådde inte alls bra.

Men livet flöt på. Utåt sett såg ju allt bra ut. Men det var inte bra på något sätt. Jag umgicks bara med familjen. Jag vare sig ville eller orkade umgås med någon annan. För jag mådde inte alls bra. Jag var sjukskriven ofta. När jag arbetade så var det i huvudsak med arbeten där jag arbetade ensam. Det fungerade bra. Men eftersom det huvudsakligen var fysiskt krävande arbeten så tog kroppen mycket stryk. Så efter flera års kämpande så bestämde jag mig för att börja plugga i stället.

Jag hade ju inte umgåtts med människor på många år så bara tanken på att jag skulle vara i en lokal med en massa människor dagligen gjorde mig livrädd. Och jag såg skräckscenarier framför mig där lärare och elever skulle vrida sig av skratt när jag svarade fel på fråga efter fråga. För att inte tala om proven, jag skulle givetvis bli underkänd varendaste gång...

Jag trodde mig inte om något. Min självkänsla var urusel. Jag var så rädd. Min mage pajade fullständigt och den var knas hela första terminen.

Jag pluggade på Komvux i tre år och visst, mitt självförtroende blev bättre. Men, människorna höll jag på avstånd. Det var många som försökte bli vän med mig, men jag slingrade mig alltid ur det hela. Jag orkade helt enkelt inte. Jag var så trött. All min kraft gick åt till att studera. Och, jag fick inte heller något stöd från min omgivning så jag var, som alltid, tvungen att kämpa på ensam. Den som säger att "ensam är stark" inte är sant har inte levt mitt liv. Hade jag inte, ensam, tagit mig igenom elände efter elände så hade jag inte funnits här idag.

∼

My shadow's the only one
that walks beside me
My shallow heart's the only thing
that's beating
Sometimes, I wish someone out there
will find me
*'Til then, I walk alone**

~

P å Komvux lärde jag mig hur jag skulle överleva de långa skoldagarna. När det var dags för lunch så gick jag till min bil som var parkerad i närheten. Och jag satt där och åt min lunch, oavsett årstid, för att jag kände att jag var tvungen att vara ensam en stund om jag skulle orka resten av dagen.

Just då, så undrade jag verkligen vad jag sysslade med! Och jag berättade aldrig om detta för någon eftersom jag skämdes över det. Jag förstod inte då att det var av ren överlevnads-instinkt som jag gjorde så. Jag har så många gånger, instink-tivt, hittat på originella lösningar så att det fungerar för mig. Just då har jag inte förstått, men idag är jag så stolt över mig själv. Jag får nu, när jag fått mina diagnoser, bevis på att jag gjorde helt rätt. För de knep som jag har tagit till för att få mitt liv att fungera är sådana knep som "specialister" lär ut till människor med NPF-diagnoser!

Efter den första terminen på Komvux så förstod jag att jag kanske inte var fullt så korkad som jag trodde. Jag fick faktiskt högsta betyg i nästan alla ämnen. Jag blev chockad men sam-tidigt taggad. Jag kunde ju! Skolan blev så småningom min trygghet. Men när jag läste sista terminen på Komvux så bör-jade jag få ångest. Vad skulle jag göra nu?! Jag hade ingen

---

* *"Boulevard of Broken Dreams", Green Day, 2004*

aning, så jag kollade lite förstrött upp vilka utbildningar som startade på hösten på universitetet i min stad.

Jag hade egentligen inte tänkt börja på universitet men nu när jag hade blivit så van vid att plugga så kändes det plötsligt som en bra idé. Dessutom var jag väldigt nyfiken på hur det var att plugga på universitet. Så jag sökte till en utbildning i samhällsvetenskap och jag kom in!

Universitetsstudierna i samhällsvetenskap minns jag med fasa. Det visade sig att samhällsvetenskap inte alls var min grej. Jag tyckte utbildningen var seg och sättet att skriva på var, i mitt tycke, alldeles för torrt och tråkigt. Jag fick inte tycka och tänka ett endaste dugg.

Men, det allra värsta med utbildningen var att vi skulle jobba i grupp hela tiden. Och det var nya gruppkonstellationer inför varje uppgift så jag visste aldrig vilken roll som jag skulle ha i den aktuella gruppen. Men där tycker jag ändå att jag var ganska smidig eftersom jag tog den roll som blev över liksom. Till och med den styrande rollen tog jag om ingen annan ville ha den. Inte min favoritroll precis, men var jag tvungen så tog jag den...

Det var så mycket drama och konflikter bland studenterna på den utbildningen. Hade jag inte varit så envis som jag är så hade jag hoppat av studierna efter en termin. Men att ge upp är liksom inte min grej så jag fortsatte, fast jag hatade det. Jag kämpade på med någon slags autopilot. Allt jag hade i sikte var min kandidatexamen, som jag bara skulle ha!

Och, jag klarade det, men jag förstår verkligen inte var jag fick mina krafter ifrån. Framför allt inte med tanke på vad som hände när jag var klar med dessa studier. När jag äntligen kunde slå av autopiloten.

Jag säckade ihop fullständigt när kroppen äntligen fick sin välbehövliga vila. Jag kunde knappt röra mig. Det fanns absolut inga krafter kvar. När jag var tvungen att gå så kunde jag bara ta små, små myrsteg. Jag förstod ingenting så jag sökte läkarhjälp. Och efter undersökning och provtagning så skällde läkaren ut mig:

– Varför har du inte sökt hjälp tidigare?! Du är ju jättesjuk!!

Oj, jaha, jag hade liksom inte märkt något eftersom jag haft autopiloten på. Men, tydligen så var mina värden urusla. Läkaren beordrade mig att *omgående* hämta ut medicin för den sköldkörtelsjukdom som jag nu hade fått. Jag gjorde som doktorn sade och jag blev långsamt bättre.

Så fort jag orkade fortsatte jag mitt studerande. Men den här gången så läste jag kurser på distans. Det passade mig bättre eftersom jag var ganska medtagen av min sjukdom. Samtidigt var jag också väldigt trött på människor efter de senaste studierna. Jag läkte både fysiskt och psykiskt när jag pluggade psykologi för där fick jag skriva precis så som jag ville.

Så jag skrev om mitt liv samtidigt som jag grät och lärarna applåderade och tyckte att jag skrev fantastiskt. Jag sög åt mig berömmet och jag fortsatte att läka. När jag hade pluggat klart så trodde jag att jag skulle få jobb med en gång med tanke på alla mina studier. Men så blev det inte.

Jag har varit arbetslös i många år med undantag för några deltidsarbeten. Så, självkänslan och självförtroendet som var ganska bra efter studierna blev med tiden allt sämre. Varför vill ingen anställa mig? Varför tycker de inte om mig? Jag tycker mig hela tiden få bevis på att jag är fel. Jag kan ju inte ens få ett arbete trots fina utbildningar. Inte ett heltidsarbete i alla fall.

Men jag har i alla fall haft ett deltidsarbete som jag trivdes riktigt bra med. Jag jobbade för ett företag som gjorde marknadsundersökningar där jag skulle åka hem till människor för att utföra personintervjuer. Jag vet inte riktigt varför jag sökte det arbetet. För egentligen så lät det ju helt fel för mig. Man skulle vara social, vilket jag absolut inte såg mig som då. Man skulle dessutom köra bil till olika ställen vilket gjorde mig väldigt orolig då mitt lokalsinne är lika med noll... så jag var ganska osäker på om jag skulle fixa det där arbetet. Men, jag testade ju såklart. De ville ju ha mig!

Jag var så bra på det arbetet! Jag blev så förvånad, jag fattade ingenting. Hade jag gått och blivit social?! Jag kunde få motvilliga och griniga personer att bli så entusiastiska och glada att de motvilligt släppte iväg mig när intervjun var slut. Så inte nog med att jag tydligen har varit social i smyg, nu fick jag även bevis på att jag hade talang för att få människor på gott humör!

Tyvärr kom pandemin och då kunde inte företaget fortsätta med personintervjuerna längre. Så då fick jag sluta att arbeta där. Tråkigt. Men jag är samtidigt glad att jag jobbade där i några år för jag lärde mig mycket om mig själv.

Jag tror nog att jag tog av mig masken lite på det arbetet. För den där sidan hade jag aldrig sett hos mig själv tidigare. Men kanske har jag tagit av mig masken lite då och då i mitt liv när det har varit nödvändigt av olika anledningar? Och för att hitta mitt riktiga jag så måste jag ju fortsätta på den vägen. Men det är svårt, för det är ju när jag har sänkt garden som människorna har sårat mig.

Några gånger i mitt liv har jag mött människor som jag har velat sänka garden för. Människor som jag har trott varit äkta. Människor som fått mig att må så bra. Men sedan har de, efter flera års underbar vänskap, bara vänt mig ryggen. Och jag har blivit helt förkrossad eftersom jag trodde att de vänskaperna skulle vara livet ut. Och när jag ställde dem mot väggen och undrade varför de helt plötsligt var så undanglidande så nekade de bara, samtidigt som vänskapen bara ebbade ut...

Jag blir så ledsen när folk inte kan vara ärliga. Människor har ljugit för mig, människor har bedragit mig. För mig finns det inget försvar i världen för sådana handlingar. Säg mig sanningen oavsett hur hemsk den är. Jag tål hemska sanningar men jag tål inte lögner och svek.

Jag tar en paus från människor med jämna mellanrum. Nästan alltid för att människor har sårat mig djupt. Jag har ju lagt tid och energi på dem för att jag trodde att vi hade något speciellt. Men sedan förstår jag att jag inte betydde ett endaste dugg för dem. Och det gör så ont! Samtidigt blir jag också så arg på mig själv för att jag fortfarande är så naiv och godtrogen.

Så människor har jag aldrig lyckats särskilt bra med. Jag försöker verkligen men tydligen så gör jag någonting fel. Jag har just nu några nya personer i mitt liv som jag hoppas är äkta. Men jag är så inställd på att de, precis som alla andra, kommer att vända mig ryggen så småningom att jag är lite avvaktande. Vilket givetvis inte är bra, men jag är så skadad. Jag orkar inte ta mer skit.

Jag har varit med om så mycket skit och jag har upplevt så många trauman i mitt liv så jag blir inte längre förvånad när det dyker upp något nytt. Jag bara väntar på att det ska komma. För jag har lärt mig att människor sällan är så trevliga som de verkar vara. Förr eller senare så visar de upp en annan, mörkare sida.

Människor har utnyttjat min godtrogenhet och min känslighet. De har medvetet kränkt och hånat mig. De har sakta men säkert brutit ner min självkänsla. Jag har fått lära mig att jag inte ska ha några egna åsikter. Jag ska bara vara ett mähä som håller med dem om allt. Jag har så många sår och blåmärken på insidan av min kropp. Sår och blåmärken som ingen ser men som gör så ont.

En hel del av mina trauman har lett till att jag även har PTSD vilket gör mitt liv ännu mer komplicerat. För det är så mycket som kan trigga igång dessa minnen. Och det gör att jag undviker platser, personer och specifika föremål som jag tror eller vet att jag mår dåligt av. Vissa traumatiska händelser kan jag inte ens prata eller skriva om. De gör för ont.

Alla trauman som jag har varit med om har givetvis omformat mig som person. Mina trauman har gjort så att jag vidhåller att ensam *är* stark! För jag har lärt mig att jag inte kan lita på *någon*. Sorgligt men sant. Jag är så besviken på människor! Jag bär en stor, stor sorg efter alla mänskliga övergrepp som jag varit med om. Dessa övergrepp har gjort så att jag nu förväntar mig att alla människor ska trampa på mig. För förr eller senare så lär det ju bli så...

Efter det största traumat i mitt liv så sökte jag faktiskt psykologhjälp genom vårdcentralen. Och jag fick snabbt en tid när jag berättade om det trauma som hade drabbat mig. Men, denna psykolog gjorde bara allt värre. För efter några samtal, när jag väl började öppna mig och började berätta om händelser som jag varit med om tidigare i mitt liv, ja, då ville han inte vara med längre. Jag riktigt såg hur rädd han blev! Han sa åt mig att söka psykolog privat i stället. Alltså, han bara övergav mig! Så trasig som jag var då. Och han bara gav upp. Jag kände mig så sviken! Och jag mådde för dåligt för att protestera på något sätt. Jag blev bara ledsen. Och jag kände att jag återigen fick det bekräftat att jag är en värdelös människa. Inte ens en psykolog ville ha med mig att göra.

Min mask försvann fullkomligt efter mitt största trauma. Jag grät i tid och otid. Överallt. Utan förvarning. Jag hade ingen kontroll över mig själv alls. Och jag hatade det! Jag började faktiskt längta efter min mask. Nu förstod jag vilken trygghet den faktiskt hade varit för mig. Jag hade aldrig förr visat mig så här svag. Jag hade bara visat det lilla av mig som jag velat visa. Nu, utan mask så kände jag mig så naken och sårbar.

Masken har nu kommit tillbaka, men det tog väldigt lång tid. Jag hoppas att jag någon dag kan bli så pass trygg i mig själv så jag känner att jag kan visa mig utan mask för någon. Men det är svårt när jag har maskerat hela mitt liv.

Men eftersom jag är en person som behöver mycket bekräftelse och kärlek så måste jag ju våga visa mitt riktiga jag. För det är ju *jag* som behöver bekräftelsen och kärleken, inte min mask. Det är väl därför jag inte tagit in kärleken och bekräftelsen som människor har visat mig. För det är ju inte jag som har fått kärleken och bekräftelsen, det är ju min mask. De älskar den roll jag spelar.

Jag vill att någon ska älska *mig*. Men, jag förstår ju att bollen ligger hos mig. Jag måste våga lita på människor igen om det ska vara möjligt.

Jag har många mörka dagar. Dagar när allt känns meningslöst och hopplöst. Men jag har också bra dagar. Inte lika många, men de finns.

Jag ska försöka att ge mig själv fler bra dagar. Jag måste välja bort sådant som jag inte mår bra av och ge mig själv mer av sådant som jag mår bra av. Jag måste lära mig att hushålla med min energi. Jag blir fort trött i sociala sammanhang så jag måste lära mig att säga nej. Jag måste också berätta för omgivningen att jag behöver vissa anpassningar för att jag ska klara av att närvara vid exempelvis en middagsbjudning.

Mitt liv har inte varit en dans på rosor. Det är jag mycket väl medveten om. Framför allt nu när jag försöker få ner lite av det som jag varit med om i denna text. Det har varit väldigt tufft att skriva om mitt liv, men jag tror även att det har varit bra för mig. Och jag hoppas också att jag kan hjälpa någon genom min text. Igenkänning är en underbar känsla.

En sak som jag har börjat fundera på under mitt arbete är varför jag har fortsatt att kämpa på i alla dessa år. Det hade ju varit så mycket enklare att bara ge upp. Jag har läst om så många flickor och kvinnor med NPF som har försökt, eller lyckats, ta sitt liv för att de inte fått någon hjälp eller förståelse av sin omgivning.

Jag har också funderat i de banorna många gånger eftersom livet har varit tufft och orättvist. Men jag hör hela tiden en röst inom mig som säger åt mig att jag ska kämpa på trots allt. Rösten peppar mig och säger att det snart är min tur att skina. Och, jag kanske fortfarande är naiv och blåögd men jag väljer att tro på den rösten. För som sagt att ge upp är inte min grej...

Jag har i alla fall fått en större livslust nu efter mina diagnoser. För jag vill ju lära känna den där riktiga jag innan jag dör. För vad är annars vitsen med mitt långa liv?

～

Jag har landat
och jag är redo för nästa giv
Vad det än är
Vad det än är
Det här är mitt liv
Men jag har levt
som det kommer fler
Från och med nu
så ska varje dag få betyda mer
Mycket mer
Livet börjar[*]

～

---

[*]   *"Livet börjar nu", Albin Johnsén, 2020*

RESAN

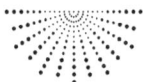

KERSTIN BLOMKVIST

D et är ett rum som är helt isolerat. Jag får besök av min syster och hon kommer in i isoleringsmundering. Vita dräkter med munskydd och så där.

Jag ser tre systrar framför mig. Det är rätt roligt för de ser ut som pingviner men inte med de svarta vingarna. Jag vill skratta. Men. Jag blir spyfärdig. Huvudet yr omkring och känns flytande. De kallar det meningit, inflammation i hjärnan. Nej, det var ju det jag hade efter att jag kom hem från Mexico. Äh, jag glömmer bort saker. Helt virrig.

Nu står jag på översta trappsteget och för några sekunder står jag bara där. De andra passagerarna vill komma ut så jag tvingas gå utför trappan. Jag är på Malés flygplats. Hettan slår emot mig och jeansen känns som våta tvångströjor kring benen. Det är svårt att andas.

Okej. Det här är som att landa på en främmande plats men som man sett så ofta på bilder. Det tar några steg innan jag inser att jag är här. Alltså inte där jag skulle vara innan jag blev sjuk men ändå en god bit på väg åt rätt håll. Jag skulle ju till

Java men fick ställa in när jag lades in på S:t Görans, bara några steg från jobbet.

Vi åker båt. Så nu står jag här. I den kritvita sanden med Indiska oceanen framför mig. Jag och Ukrainska balalajka-orkestern plus några svenskar, tyskar och annat löst folk bor på Villingili, numera är det den norra Maléatollen och inkluderas i huvudstaden Malé.

~

J ag glider över atollkanten. Det hisnar i magen, som att stå på ett megahögt hus och jag känner att jag tappar balansen. Men havet släpper mig inte. Det är tryggt. Jag börjar vila min kropp, och jag faller inte ens i tanken. Jag vill bara ner ner ner så att jag kan utforska allt som finns i hela Indiska oceanen. Jag gör det lite senare när jag fiskar upp en barracuda till grillkvällen.

Det känns nästan som att jag är frisk. Hjärnhinneinflammationen verkar ju vara under kontroll. Egentligen borde jag ju inte. Men. Äh, hur ofta kommer jag åka till Maldiverna egentligen? Jag är skittrött men ingen kommer ju att veta att mitt huvud inte är rätt. Jag dyker.

~

J o, jag dök. Det kändes egentligen som att jag aldrig ville sluta. Först med snorkel. Oj, det var galet. Jag simmade i fatt ett gäng med barracudor. Och när jag låg över dem så gjorde jag mig till en tyst båge och gled ner, höll andan och det var som om de slöt upp – jag var en av gänget, eller deras nästa måltid. Vem vet. Min grillade barracuda var absolut en av dem. Kanske lite elakt. Fångade den på kvällsfisket. Kaptenen lät mig inte bryta nacken av den. Rätt bra förslag för de är giftiga så en av besättningen fick den äran.

Jag blev så begeistrad av snorklingen att jag började med *scuba diving* och gjorde hajdyk, valspotting, driftdive, petade på lövfiskar, sa hej till sjöhästar, blåsfiskar och blev halvt ihjälskrämd av en muräna, och en haj på en armlängds avstånd. Två gånger per dag hälsade jag på delfinerna. De kom som klockan, på morgonen och sedan på eftermiddagen – så om jag var i närheten sprang jag alltid som en dåre ut till kajen och stod där och vinkade till dem. Först ignorerade de mig som om jag var galen men sedan kom de närmare och tittade mig rakt i ögonen.

Jag har nog alltid varit ett wild child och det var som att jag redan då fattade att jag fick lägga på ett kol om jag skulle hinna med allt jag ville göra.

~

JC IN D.C.

*– Thank you JC for inviting our new friends! Hallelujah,
hojtar han.*

～

Vi är alla finklädda och det är naturligtvis söndag. Jag
känner mig hedrad men lite blygsam – vi pussas och
kramas in The name of the Lord. Jag blir välsignad av min
bänkgranne och jag åtbördar hennes gärning lite klumpigt. Vi
dansar i takt med gospelkörens vibe och jag fylls av en sådan
vacker energi och känner mig... väldigt vit. Egentligen inte
men vi är de enda vita personerna här. Det är lugnt, det gör
inget.

För några veckor sedan var alla i klassen volontärer på ett
soppkök för hemlösa. Bara några kvarter från "vår" kyrka.

Jag står i köket och hackar grönsaker till dagens 400-liters-
soppa. Jag skymtar en söndergråten F ute i hallen, som leder
till barnavdelningen. Han håller henne krampaktigt i sin famn
med tårarna rinnande. Hon är mörkhyad och har aids. F gråter
för att den lilla vackra flickan inte kommer att hinna bli vuxen
innan hon dör.

Färgen på vår hud avgör inte om vi lever eller dör. Hudfärg är
bara färg.

F blev senare nyhetsansvarig på ett stort bolag. Jag blev lokal-
reporter. Om någon undrar om lokalreportrar är sekunda så
kan jag upplysa er om att lokalnyheter är lika viktiga som
demokrati. Ingen lokaltidning – ingen lokal demokrati.

～

SAMMETSREVOLUTIONEN

Till frukost dricker vi färskt öl som hämtas i Ss mammas vas hos
lokala puben, toppar med korv från slaktaren som ligger vägg i
vägg med puben och surdegslimpa från bageriet runt hörnet.

～

S och jag skålar i champagne och ser på soluppgången. Hur har vi orkat? Här sitter vi på lyxigaste terrassen i Prag och ser helt underbara ut. Vi har inte sovit på 18 timmar eller så men det gör ingenting alls! Vi bubblar på europeisk engelska, blandar franska med tjeckiska ord och känner frihet.

Vi springer hand i hand utför den vida marmortrappan och ut i det skarpa solljuset. Partyt fortsätter där inne men vi vill uppleva den soliga sommarmorgonen. Vi halvspringer genom stan som Ronja Rövardotter gjorde hemma i sin skog, vilda och vackra, hittar en korvförsäljare, och spiller tjeckisk senap och flott över oss – innan vi kidnappar en bagagevagn att vila lite på.

Solens strålar smyger efter oss och värmer perrongen. Det blir ingen öl till den här snabbfrukosten men det gör ju inget eftersom vi redan druckit allt som finns.

Bagagevagnen blir till en ö mitt i revolutionens bakvatten. Det har gått ett halvår, och alla är ute och firar livet och en ny framtid. Inga stridsvagnar den här gången. Vi känner oss fria.

Sammetsrevolutionen sattes i rörelse efter Berlinmurens fall, november 1989. Allt hände fort. Medborgarforum skapades, samvetsfångarna släpptes, dissidenter tog över makten och krossade det sovjetstödda kommunistpartiet.

200 000 demonstranter tog över universitet och teatrar. Václav Havel blev officiellt president för bara några veckor sedan men utsågs redan i december till president. Sommaren är varm och junis presidentval är ett cementerat löfte om att vi går en ljusnande framtid till mötes.

För ett halvår sedan partajade jag i Stockholm och såg Berlinmurens fall som en av de mest betydelsefulla historiska händelserna för mänskliga rättigheter. Här sitter jag på vår perrong och har i detta nu egentligen ingen aning om hur vidsträckt och viktig den tjeckiska sammetsrevolutionen kommer att vara i utvecklingen av Europa och att till och med öststaterna kommer att inkluderas. Det går helt över mitt huvud – och att vi precis varit i ett av de viktigaste regerings-palatsen och skålat i champagne har heller inte trängt in.

S och hennes vänner tar en pilsner på Kafkas *Café Imperial* som sedan 1920-talet varit ett plejs att synas på. Jag är så impone-rad av atmosfären och den underbara chanserade jugend-inredningen att jag bara får i mig två pilsner och en liten macka, medan gruppen gulpar i sig ett gäng var, plus äter nåt tilltugg. Jag sitter som tappad och känner mig som kusinen från landet.

Den här atmosfären finns bara inte i Sverige enligt mig. Runt bordet är vi skådespelare, studenter, lärare, missförstådda bögar, hemliga älskarinnor, rökare och icke rökare, vegetari-aner och karnivorer, och journalister och författare. Det är S som svetsar oss samman men vi har en kärlek i gruppen som styr vår konversation över alla gränser. Ingen är utstött och ingen behöver ett särskilt språk för vi bygger broar här i Kafkas universum. Franz Kafka sa en gång: "What is love? After all, it is quite simple. Love is everything which enhances, widens, and enriches our life. In its heights and in its depths."

Från bedagad kulturelit till krogen runt hörnet. Vi får inte plats inne i puben, som faktiskt liknar en kantina, så vi får varsin lager – som nästan alltid är pilsner av väldigt god kvalitet, och får ta plats ute på trottoaren. En av oss dricker ur en urdiskad gurkburk, en annan får sin pivo i en krackelerad sejdel, och vi tjejer får rena men välanvända sejdlar. Här pratar alla med varandra oavsett ålder, kön eller arbetstitlar. Det är högljutt och inkluderande. Politik är trots allt den diet alla går på just nu så oavsett språkbarriärer uttrycker vi en unison glädje.

Jag skrattar när jag tänker tillbaka – för jag hamnar ju lite på efterkälken eftersom jag aldrig varit med om en revolution. Tjeckien har liksom haft blodiga revolutioner och sovjetisk kommunism till och med 1990. Sverige är hårt förskonat av liknande historiska händelser. Förutom Ådalen 31 förstås, men det är en annan historia.

Jag lämnar Prag nästa morgon efter en underbar frukost. Jag vill helst inte lämna S. Vi är så sammansvetsade. Ända sedan den där soliga morgonen förra sommaren då hon ringde på dörren och stod där som om hon var nån slags ljusbärare med solens strålar glittrande i sitt korpsvarta hår, så har hon i hög grad fascinerat mig. Vi är olika. Men samtidigt sammanslutna i ett pathos om mänskliga värden, om frihet. Vi är lika. Och vi kan inte tämjas av annat än tidens tand. Älskade vän.

~

Vänta, jag är inte färdig ännu. Det kommer in ett mess från Rob. Han har varit på begravningen. Jag svarar.

Can you please get me your address? I was planning to pop by when down to B but it looks like I won't get far at all since the roads are snowy. Which is bullshit as it seriously reduces free movement and emphasises the governmental rule over privacy and choice of life. Ffs, winter tyres are invented for the entire world to use. You're all idiots over here. You don't even use snow chains either. Almost as stupid as Danes that shut down everything like white drops of snow would be lethal. Fucking insane.

My cousin was sitting beside me when my grandmother's burial session was full on. And the fucker sat there smiling. Well. I don't blame him. He told me after it was done that he was about to break down in the front row before the entire fully packed church. So instead of letting the tears flow – that I BTW had on full spray from start to finish – he sat there and was repeating jokes for his inner eye. The church was full of friends and customers to the family plumbing business and we were paraded around shaking a lot of hands. It was painful! I should've disconnected but my farmor was my 2nd mom. 🛡️

GNOSIS
– Imago Dei, Guden inom oss!

LIV

Hans leende är
vitt
Hans andedräkt är
Liv
Hans ögon är
Solen om dagen
och
Stjärnorna om natten
Ditt liv är hans
Kött
Köttet som du
använder
tillhör honom
Utan hans andedräkt
Vore du intet

HANS VÄG

Han leder mig
ut i mörker
i djupaste förtvivlan
Han leder mig
mot ljuset
men dit har jag aldrig varit
Han tvingar mig dit jag
inte vill
Han leder mig dit
han vill
I ljuset är han
Kung
I ljuset är jag hans
Drottning
Men jag har aldrig önskat
drottningkronans glans

VILJA

Vad är det du vill?
Varför leder du min väg?
Visa dig!
Vilka fördolda kunskaper
har du?
Mitt mått har försvunnit
kvar är mitt skal
Ett skal som minns
din omtanke

~

HERRE

Hör!
Hör vad Han har att
säga
Se!
Det han vill visa
Dig
Tvivla inte,
Då du förgås
Din innersta känsla
leder dig

~

PARFYMERADE VINGAR

Dina parfymerade vingar förför mig.
Mjukt längtande
vidrör de mig.
Doftande vibrerande,
Väntande...

Mitt doftsinne har
aldrig åtnjutit vad du åstadkommer.
Skälvande.
Skälvande dröjer du
dig kvar, i doftminnet...
finns du inom mig.
Jag tackar Gud att
jag återkommit till
livet igen.

∾

EN NY VÅR

Din gåspenna har ristat min kropp
full av ärr
De gnistrande stjärnorna
som Du ägde
har slutat gnistra
för Dig
Bläcket du skrev i
är torrt och dammigt
Din trädgård är full av död
Rosorna du gav mig
har torkat och fallit i kras
Smulor, är det enda som är kvar
små små smulor
smulor som gav mig mod
mod att leva igen
Liv
ett liv som går mot en ny vår
En vår du inte kan kontrollera

❧

D elar av *Svärta!* har publicerats på min vän Mats hemsida. Mats är en pensionerad, väldigt framgångsrik, arkitekt. Vad jag vet har han aldrig blivit diagnostiserad men han ligger väldigt nära diagnosen Aspergers både intellektuellt och känslomässigt, en ovanligt smart kille. Jag fick själv adhd-diagnosen när jag fyllde 50. Då hade den även drag av Aspergers men eftersom mina föräldrar var döda så fanns det ingen att intervjua om min uppväxt. Så tänkte man då. Nu vet jag att jag har Aspergers för min son och min far är som jag är.

" *Kerstin!*

Tre fina kärleksdikter som ger mersmak! Man skulle vilja se dessa ingående i ett större verk.

Ett psykedeliskt prosastycke, som efter några upprepade läsningar ger åtminstone mig en mera konkret känsla med ett existentiellt innehåll, möjligt att ta till sig som ett slags mantra att grunna på.

— MATS

Mats!

*Jag tycker om dem som du fick men det finns fler. Och
alla går under namnet Svärta! som jag arbetat med –
ryckigt sedan, tror jag, 1999. Det går många år
emellan men jag går igång på nåt och då rasar det av
mig på några minuter. Har nog snott nåt ord eller så
men allt är självupplevt. Den psykedeliska 'novellen'
som du läste några gånger är en dröm som jag har
glasklart minne av.*

— KERSTIN

I ENTERED THE HOUSE OF TWILIGHT

I entered the house of Twilight, the house where the children go to school and the mentally ill seek their ways out.

I found myself trying to fit in, in endless corridors, winding stairs, finding lovable people to indulge in. I did not find my likes...

I wandered off by a familiar country lane. I got a note from the man up above that said I have to claim my parcel. He dropped it at my feet and I began to walk towards the church village.

Birds arrived to the village and they welcomed me – they saw my beak, and that we were of the same kind. We went into the fenced garden.

"Look, there are two men talking through beaks as well."

Panic broke loose. Death has come to visit in the gardens of my island. All birds were saved, all but one. As we saw the horrible scene, magpies floated down at our feet, offering their wings. Outside of my childhood's orchard we became children in the sky, floating gently up in the current of the sparkling vivid air.

It all had to come to an end, 'cause the last key was not yet given to me. In an audio-file, a sublime message sent colours and energy waves. The room was filled with an aura-like body with a scent that illuminated me. My path had ended.

~

N är jag läser det här "psykedeliska prosastycket" som Mats kallar det, får jag rysningar. Texten är skriven för mer än 30 år sedan och beskriver en dröm jag hade då. Men i retrospektiv är detta en beskrivning av den upplevelse som jag och min son hade under hans skoltid. Men bara det att min son inte var född eller ens planerad när detta skrevs.

Jag var ensamstående med B och vi fick hjälp av en social-sekreterare att fly hans skola. Skolan var även den skola jag själv gick i från ettan till sexan – och som blev min arbetsplats innan jag flyttade upp till Stockholm i min ungdom. Vi kallar den här för Pomperipossaskolan.

Den nya skolan han började skulle bli en nystart efter den fysiska och själsliga mobbningen i Pomperipossaskolan, och han hade nästan två terminer i den nya skolan innan hela helvetet sparkade loss.

Ingen av oss anade att detta skulle bli sista anhalten. Att den här platsen med sin fina skärgårdsskola och vårt fina hyrda hus i Bullerbymiljö skulle bli det sista vi såg av Sverige på hur många år som helst.

En vacker dag under höstlovet packade jag bilen och körde iväg. Jag, hunden och 13-åriga B hade fått nog – vi var känslo-mässigt utslitna, rädda och faktiskt panikslagna.

"Jag dödar mig själv mamma, jag gör det."

Orden ekade i huvudet på mig och tårarna rann. Jag mindes knivens nyslipade blad glittra i höstsolen.

Vi vågade inte andas förrän vi rullade av färjan i Tyskland. B och Bamse sprang som nysläppta fångar i ett betesfält. Han sträckte ut armarna och ansiktet visade ett litet leende – precis som i den segergest han gjort så många gånger när han gått i mål på löptävlingarna i Pomperipossaskolan.

Men friheten från det komplicerade skolsystemet fanns inte att finna hos hans pappa. I stället utsatte min sons far oss för fysisk och psykisk misshandel, hade sönder vår bil och tog våra pengar. När jag bad om hjälp från polisen så uppfattades vi som flyktingar eftersom svensk myndighet trodde vi flytt ett omhändertagande.

Det tror de än idag. Därför att socialarbetare prövade sin "rätt" att omhänderta B utanför landet. Och då kallas det för trafficking. Något som kommundelen varit ansvarig för i en uppmärksammad barnsexskandal i Norrköpingområdet och andra platser längs med Europavägen. Internet är numera tömt på information om denna skandal, trots att det var ett digert polisarbete bakom socialtjänsternas medverkan.

～

THE END OF THE WORLD

Where I rest in a cradle of sand and sea

A tlanten sväljer snart solen. Jag försöker få K att stanna bilen så att jag kan få ett foto av Guds kreativitet. Jag vill äga solnedgången. Två wild swimmers guppar där nere vid strandkanten och lite längre ut paddlar en ensling mot solnedgången på sin SUP. Det kan inte bli bättre. This can only happen in Kintyre! I mitt huvud skvalpar det runt en hel encyclopedia av språk och uttryck men det är svårt att få till något som skulle passa den här solnedgången. Allt faller platt och jag vill så gärna slänga mig ut i havet och simma mitt hjärtas lust. Inom tio minuter är det bara några strimmor kvar av härligheten.

"Men skynda dig", skriker jag.

Vi måste hitta en av alla dessa små rastplatser, a layby, som ibland inte syns och inte ens har en vägskylt. De flesta vägarna här har inga marginaler att spela på.

"Oh look at that man," he laughs. "Come on and bring out my fire."

"I'm an Aries, I always fuck with fire."

"It must be a layby here," I shout in pure excitement.

The sun is on fire and is touching the surface of the Atlantic ocean and we both know that we have a few minutes to catch its glory. But that layby is, gone.

"Oh for fuck's saaake!" I'm whining. "Ah this is fucking too much! NO LAYBY?!"

We both laugh at my frantic frustration with no layby in sight. This is torture in paradise and Mister Torture can tickle me with this IRL fantasy when ever it pleases him, I'm all in.

"No layby no nothing," K says and I fill in with a primal "NO LAYBY!!!" and we laugh silly.

"IT'S GOING TO CUT DOWN!"

I want to blame him but this is nothing we can decide over. And all of a sudden I see a small opening and after a lot of noise from both the radio and ourselves we manage to reverse into a grassy sidestepped layby, I'm heaving myself out of the Shelby and doing small rabbit jumps with my camera zooming in. All gets quiet and we hold our breaths. This is how I want everyday to fade away.

I'm not hostage taken anymore and I actually like this place. It's by the end of the world dipping its feet in the Big Blue ocean. It is cold sometimes and very unforgiving if you expect what we Swedes would call a working infrastructure and no corruption. But during Covid we came together strongly and helped each other.

I will stay here for a little longer. Even though it's far too long a road for my hospital appointment every third week in Glasgow and it's almost impossible going to the oxygen chambers to get my pressure treatment.

I have experienced both seamless journeys to Glasgow with our propeller planes, and bus rides from hell that could take up to eight hours instead of the regular four. But the buses haven't been cancelled in 50 years – it's the life line for so many of us that not even the politicians can efface it.

I'm not prepared to die just yet. I have a credo that I need to fulfil before I lay to rest.

Our DNA lines have been conflicted and we carry both adhd and Asperger's. Our gene setup in the gene segment of 4q35 has a deletion with only one step instead of two. So myself and my son have been screened towards different international databases and so far they've not found one single match with anybody else with this wide deletion. So, yes, we are unique. And none of the experts believed us when we proved to be able to both walk and talk. A scientific Eureka!

∾

I'm in a hurry. I'm homebound and the smart watch says just after 3 pm. The sun is trying its best to smother me in sunshine, piercing my eyes just below the sunshade flap so I move the back of the seat as close I can to the steering wheel. After almost 700 miles I wanna get home and rest, close the door and be myself. But before that I need to catch that sun that is slowly losing height and aims to go to rest behind the Atlantic ocean.

I'm driving 70 mph straight into the persistent sunshine. I feel blessed about where I find myself just now. With Coldplay's *Adventure of a lifetime* on the stereo I rush into the straight that passes the best point for sunsets and amazing vistas.

> *Cause you make me feel. Like I'm alive again... This adventure is more than I.*

The volume is high and I recite the lyrics like I am possessed.

Yes, I am a *diamond* taking shape. I just might be alive again after many years in the shadows. But I need to hurry before I pass out again. I'm exhausted and need to use my superpower that makes me hyper focused when I'm driving.

I always got the long hard transports back in the days. The jobs came from my unit or from uncle Melker for those special cases that needed my speciality.

I thought I was beyond that capacity since I have had six years of not driving my own car. Now I belong to nobody but my son, yet the force is still with me – I can drive, but really not that far anymore. I'm tired to my bones.

I make a brief stop and I get a few shots, photos, to take home and save for my arty projects. The skies are insanely gorgeous and enhance the sheer sunlight, and a darker cloud accentuate the picture perfectly. I'd love to make this into an etching. But right now I'm in the phase where I just need to own all the sunsets and lovely pictures. I still doubt my ability to go through with something as exhausting as printmaking, but I need to find a less time consuming way – that's all.

Next week I will go up the road to see B. In four months he'll be 19. And he looks like a tall Greek God! He's like a mythical Samson with his long beautiful enigmatic hair.

I must be strong for him, to get my beloved aspie son equipped for a life without me. To prepare and to love him in shape to take over the world and be free to live – to embrace the diversities in this beautiful world full of wonders. To ignore the horrors, trust the Love, and to courageously form his own immaculate strength.

I want to heal him, shield him. After three years of being locked into a children's unit with steel bars across the windows, I act as a wild animal in front of danger, protecting my blood and bone. I stand our ground and never yield. B is strong but still needs more tools to get through this earthly life.

This place is heaven and hell.

At the same time.

~

ETT PLUS ETT ÄR LIKA MED NOLL?

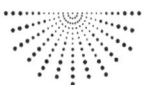

JESSICA SJÖGREN

Jag tänker på reklamen för sisådär 30 år sen. Ett bländande leende som konstaterade: "Jag är inte bara tandläkare – jag är mamma också". Det gjorde att hon var extra kunnig i frågan om rätt tandkräm. Kommer du ihåg?

Nu är det 2025 och reklam i skrift är ju lite krångligare rent visuellt men tänk dig att jag ler bländande, eller ja alltså du kanske snarare kan tänka dig att jag småler lite utan att tänderna syns. Eller nej, förresten, tänk dig att jag blänger på dig under lugg likt Wednesday Addams. Jag tittar in i kameran och säger: "Jag är inte bara mamma – jag är autist och särbegåvad också."

Jag är en helt vanlig medelklassmorsa på femtio år som lever ett vanligt svensson-liv med villa, vovve och barn. Trodde jag ja. Sedan två år tillbaka har jag två helt nya etiketter att förhålla mig till. Autism plus särbegåvning. På engelska kallas mitt folk twice exceptional – 2E.

Det visade sig alltså att jag inte alls är vanlig. Jag är udda. Och som om inte det var nog – jag är till och med dubbelt udda.

Just nu känner jag mig mest som en ekvation som inte går ihop. Som att ett plus ett är lika med noll. Som att autism plus särbegåvning är lika med att gå under radarn som en hög-presterande neurotypiker. I andras ögon men också i allra högsta grad mina egna.

Den här texten handlar om hur det är för mig att komma ut som 2E-kvinna i 50-årsåldern. Och att undersöka vad fan det där med 2E egentligen innebär. Förutom att jag på papperet är autist med en särskild begåvning inom verbalitet och logik så vet jag nämligen inte det. Inte än, men jag tänker att vi kan försöka ta reda på det tillsammans. Vill du hänga med? Ja, vad kul!

Då vill jag förvarna om att jag inte bara är 2E, jag är forskare också så jag kommer att hänga upp mina tankar på en del begrepp. Men jag tycker också om att leka. Så vi kanske kan leka oss fram med begrepp och tankar för att hitta en lösning på ekvationen som är jag? Så att ett plus ett inte blir noll. För jag är inte en nolla. Jag är dubbelt udda.

Hur är det då att helt plötsligt få två nya etiketter som gör att man måste omvärdera stora delar av sitt levda liv och dess-utom förändra lika stora delar av sitt framtida liv? Eller nja, helt plötsligt och helt plötsligt. Det var kanske att ta i. Det har funnits många tecken på autism i mitt liv – jag har bara inte kallat det för autism. För allt jag tidigare hade lärt mig om autism var grundat i en manlig stereotyp. Du vet, Sheldon Cooper och Rainman. Socialt obekväma män med nördiga specialintressen. Sån är ju inte jag.

Okej, jag försöker igen. Jag har en hjärna med en hög intellek-tuell kapacitet samtidigt som jag har en hjärna som processar information och intryck på ett annorlunda sätt. Det ger mig god kompetens i mitt jobb som forskare. Det ger mig stora utmaningar i min vardag som heltidsarbetande mamma. Nu är vi där igen. Jag är dubbelt udda samtidigt som jag är väldigt vanlig.

Men om vi går tillbaka till tandläkarmamman i reklamen för tandkräm på nittiotalet så var ju det faktum att hon var både mamma och tandläkare nåt som var bra. Hon fattade på riktigt vad en bra tandkräm var för nåt för hon kunde se saker ur två olika perspektiv. Så teoretiskt sett är jag extra bra på att uttala mig om vad omvärlden behöver veta om mig och den grupp som jag tillhör. Jag har ett inifrånperspektiv. På att vara autist. På att vara särbegåvad. På att vara både och.

Grejen är ju att jag inte vet nånting om det.

Grejen är ju att jag nyss har fått veta allt det här.

Det som pågår i mitt liv nu handlar alltså om att komma ut. Det handlar om att fundera över hur jag i alla år försökt lura mig själv och andra att jag är vanlig. Det handlar om hur det är att leva med en diktator till hjärna. Det handlar om att förstå varför jag inte har kopplat ihop prickarna i prick-till-prick-bilden som är mitt liv.

Men, en stor del av det har också att göra med hur lite vi fortfarande vet om autistiska flickor och kvinnor. Som till exempel att de kan ha andra typer av nördiga specialintressen än tåg och matematik.

Mitt specialintresse är socialt arbete. Jag är utbildad socionom och har doktorerat i socialt arbete. Så på papperet borde väl jag veta bättre än att styras av stereotyper? Men när psykologen ställde frågor om mina intressen tänkte jag ändå att jag inte har specialintressen på det sätt som autister har. Jag tänkte ändå på män i min närhet som "bara måste vara autistiska". Sån är ju inte jag.

Jag visste så extremt lite om det spektrum som autism är. Jag borde kanske vetat bättre. Jag kanske borde ha kopplat ihop prickarna. Men så stark är den neurotypiska normen och just så stor är bristen på kunskap om spektrat.

Syftet med den här texten är alltså att undersöka olika prickar i mitt liv och försöka förstå hur de kan bilda en helhet och ett motiv. Eller förresten, det där sista blir nog inte heller så bra. Ett av mina autistiska drag är att jag har så kallad bristande central koherens. Det innebär att jag har svårt att se helheter, att jag förlorar mig i detaljer och går vilse i parkeringshus. Men å andra sidan har jag en hjärna som är exceptionellt bra på mönsterseende och logik. Förstår du nu vad jag har att jobba med? Två ytterligheter som ska samarbeta inuti för att jag utåt sett ska framstå som normal, i bästa fall lite rolig och intresseväckande. Nåväl, det kommer nog att gå bra.

För grejen är att jag tycker det är intressant. Och roligt.

Grejen är att jag ju faktiskt är lite som Sheldon Cooper – samtidigt som jag inte alls är det.

Det handlar inte om det faktum att jag inte är en fiktiv manlig fysiker som bor i Kalifornien. Förvisso är jag en forskare som älskar regler och rutiner och som på nittiotalet kunde ses klädd i kortärmad t-shirt ovanpå långärmad t-shirt. Men, jag är inte Sheldon Cooper, för att jag är jag.

Jag är på riktigt. Det vill säga inte bara mamma – utan autist och särbegåvad också. Jag är dubbelt udda och väldigt vanlig.

～

J ag sa tidigare att det har funnits många tecken på autism i mitt liv. Vad menar jag med det? Det är lätt att vara efterklok och se mönstret i efterhand, såklart är det så. Efterklokhet är inte särskilt klädsamt, inte heller alltid så givande. Men ändå, många av ledtrådarna gick att hitta i mitt yttre, och vissa situationer har liksom dykt upp i huvudet – i ett helt nytt sken.

Till exempel den där morgonen när min minsta lillasyster utbrast: "Jessica, du är alltid så matchig!" För den som inte förstår vad det betyder så handlar det om att min klädsel alltid har präglats av symmetri och extrem noggrannhet. I det här fallet har vi i familjen talat hjärtligt om min matchnings-autism. Men vi har gjort det på sättet som förutsätter att det är så långt från sanningen att man kan skämta om det. Ingen har tagit illa upp eller tänkt vidare på det.

Min egen förklaring har varit att jag är intresserad av mode och kläder. Notera betoningen på intresserad, inte special-intresserad som i specialintresse av den autistiska sorten.

Det är förvisso sant att jag tycker om mode och kläder. Men, med eftertankens klokhet kan den kunnige också identifiera en sensorisk överkänslighet kombinerad med behov av visuell symmetri. När jag i retrospektiv funderar över de timmar och minuter i mitt liv som har ägnats åt jakten på sensoriskt lugn i garderoben blir det tydligt.

Våndan jag känt över att försöka hitta rätt skor som är snygga, bekväma, inte ger skavsår och framför allt inte låter när man går. Obehaget i hela kroppen som kommer av vetskapen att linnet inte har rätt färgnyans för att matcha den smala blå randen i strumporna. För att inte tala om överhettningen som följer av att ta på sig en stickad tröja i akryl en lite för varm höstdag bara för att jag hade tänkt ut att den passade så bra till just de där byxorna och skorna och att ändra en outfit i morgonstressen gör att jag missar tiden när jag brukar gå till bussen och den behöver jag gå till i god tid ifall det är halt på vägen och just idag åker kanske bussen tidigare än planerat för det har hänt en gång och då kan det hända igen.

Allt det har varit på riktigt. Allt det där ingår i mina autistiska drag. Det förstår jag nu och gör att jag kan andas ut en smula. Det gör också att jag med ömsinthet kan förstå den genuina lycka och glädje jag känner av tanken på ullfrottéstrumpor som både värmer och svalkar – och suger upp fotsvetten.

Det gör också att jag förstår att jag stimmar när jag går i second hand-affärer och känner på materialet i raderna av olika tröjor, samtidigt som jag njuter av bilderna på perfekta klädkombinationer som kommer upp i huvudet när jag ser en nyans av grön som just då tilltalar mig. Åren av jakt på den perfekta outfiten har dessutom gjort mig snabb på att identifiera tröjan i merino- ull och känslan av ett fynd ger alltid en skön dopaminkick.

Man kan alltså säga att jag maskerade min sensoriska käns- lighet i ett mer normtypiskt och accepterat beteende. För andra och för mig själv.

Att som flicka, kvinna, etc. vara intresserad av sitt yttre i fråga om kläder och utseende är inget konstigt. Just det där sista har varit extremt viktigt för mig. Att inte verka konstig. För jag har hela mitt liv tänkt att jag är lite korkad. Att det finns något som jag inte förstår – som alla andra vet. Det har jag jobbat i hela mitt liv för att inte avslöja.

Jag har drivit på mig själv i strävan att vara som alla andra – du vet, så där som de populära tjejerna, de smarta forskarna och de piffiga mammorna. Jag har jobbat hårt för att föra mig så där naturligt som alla andra samtidigt som jag nästan alltid har självdiskvalificerat mig. Jag har betraktat, noterat och imiterat. Försökt passa in.

Jag har alltid tänkt att om jag bara lär mig tillräckligt mycket så kommer det att gå. Jag har blivit så utmattad av att vara den där som aldrig lever upp till förväntningarna som jag själv satt upp.

Visst, det handlar inte bara om mina förväntningar – självklart finns jag i ett samhälle, en familj och en tid med en rad förväntningar som också spelar in. Men här vill jag ändå fokusera på mina egna, förvrängda förväntningar.

Att inte verka konstig har varit ett lite extra hårt jobb av just den anledningen, att ribban som jag satt för mig själv inte har varit anpassad till mina förutsättningar. För att jag inte visste bättre, och uppenbarligen ingen annan heller. För jag har gått under radarn och nu tänker jag igen på det där med ekvationen. Att ett plus ett är lika med noll i meningen att autism och särbegåvning är lika med en blyg och högpresterande neurotypiker – på ytan.

Men, kanske du tänker nu, du måste ju väl ändå ha märkt att du var smart? Kul att du formulerar det på det viset. Mitt snabba svar är nej, hur skulle jag kunna ha gjort det? Klipp till återkopplingen av min utredning:

> *Psykologen: Dina föräldrar beskrev att du aldrig behövde hjälp med några läxor. Du själv kommer ihåg ett tillfälle när du behövde plugga till en tenta på universitet. Det är väldigt ovanligt. Har du inte tänkt på det?*

> *Jag: Nej. Varför skulle jag göra det? Jag trodde att det var så för alla.*

Jag grät hela vägen hem från psykologen när hon redovisat mina resultat på intelligenstestet. Jag trodde inte på henne när hon sa att jag låg längst ut på den uppochnervända klockkurvan. Hon fick lov att trygga mig i att hon inte brukar ljuga i sitt arbete. Så nej, jag hade inte märkt att jag var smart. För du förstår att jag tror inte särbegåvning har så mycket med smarthet att göra.

Jag har aldrig känt mig smart, jag har känt mig korkad. Och som jag sa tidigare, jag har alltid känt att det är nåt jag inte förstår med detta att vara människa. Att vara jag. Nu vet jag att det är för att jag har en autistisk hjärna och den processar information och intryck på ett annorlunda sätt.

Min hjärna gör att jag har utmaningar med social interaktion. Min hjärnas intellektuella kapacitet har hjälpt mig att tänka mig fram genom det sociala livet. Jag trodde bara att det var så för alla. Jag vet inte hur det känns att känna sig fram. Klipp till när jag sen träffade psykiatern under utredningen:

> *Särbegåvningen har kompenserat för de svårigheter du har. Den har räddat dig från allvarligare psykisk ohälsa.*

Det är något gott. Ett plus ett har blivit noll på ett bra sätt för jag har fungerat och klarat mig bra. Ni vet, som en vanlig morsa med villa, Volvo och vovve. Med ett bra jobb och en stabil tillvaro. Som jobbar med mitt specialintresse. Så var landar vi då nånstans? Målet med denna text var ju att inte få ett nollresultat. Vet du, jag tror nog att vi får skippa det där med ettor och nollor.

~

DEN SPRETIGA PROFILEN MED LÄNGTAN EFTER RÖD TRÅD

För mig handlar 2E om mer än två diagnoser (ja, jag väljer att se min särbegåvning som en diagnos – jag kan återkomma till det om någon undrar varför). Det är mer än ett plus ett. Det är ett sätt att ta sig an världen – som skiljer sig från majoriteten och dess normer.

Ett begrepp som jag har fastnat för är det engelska "spiky profile". Det går att förstå på olika sätt.

Adjektivet spiky kan vara taggig i en svensk variant. Jag blir taggig när jag är obekväm bland människor som jag är trygg med. Då kommer taggigheten fram i korta, snäsiga svar om något går för långsamt och någon inte verkar förstå vad jag menar. Då himlar jag med ögonen i hela kroppen och känner att allt är emot mig. Då har jag svårt för ögonkontakt.

Överbelastning ger också en taggighet i meningen att jag sluter mig och fäller upp muren runt mig som jag haft sen jag var liten. Lite som en igelkott fast ändå inte. För det är just det, inte förrän jag är trygg så visar sig taggigheten. Det vill säga att när jag är trygg vågar jag visa att jag är hotad.

Den taggiga delen av mig själv jobbar jag hårt för att dölja så gott det går i de flesta sammanhang. Finns det inte en låt som går nåt i stil med: "Var inte som en igelkott, som sticks så fort man rör'n. Försök att löna ont med gott, sprid trevnad i ditt hörn."? Det är nog bra att sträva efter men min taggighet är en del av min profil och i mitt hörn är det tyst och snäsigt ibland.

～

piky kan också betyda spretig eller ojämn och nu blir det spännande tycker jag. I utredningen jag genomgick ingick ett intelligenstest. Där får man siffror till svar inom olika områden. Jag kommer inte förlora mig i den tekniska beskrivningen av detta men de fyra områden som testas är logik, verbalitet, arbetsminne och snabbhet. Arbetsminne och snabbhet beskrivs som stödfunktioner till logiken och verbaliteten. Resultatet redovisas under termen begåvningsprofil och det finns riktvärden och en normalfördelningskurva för alla som har gjort testet.

Jag har en spretig begåvningsprofil. Jag är ojämn. Mina stödfunktioner är inom normalspannet och mina förmågor inom logik och verbalitet är outliers. Mitt sammanvägda resultat går över den fastställda gränsen för särbegåvning. Med den siffran kan jag söka medlemskap i Mensa, men sen då?

～

Är det ändå inte väldigt spännande att i nästan femtio år känna sig korkad och sen – genom en siffra – försöka ta sig an att man, som psykologen sa, har "exceptionella förmågor inom vissa områden".

～

Så vad har jag kommit fram till så här långt in i komma ut-processen?

Min ena udd är min begåvningsprofil. Jag kan se mönster som de flesta andra inte kan, jag älskar språk, att hitta röda trådar och att lära mig nya saker men jag är långsam och har ett svagt arbetsminne.

Min andra udd är mina autistiska drag. Jag har svårt att förstå och sätta ord på mina känslor. Jag är kravkänslig men behöver

rutin och struktur för att hålla mig på banan. Jag blir lätt över-
belastad av social interaktion och jag avskyr småprat och
mingel. För att inte tala om solljus och ljusblänk överlag.

Båda mina uddar är delar av ett spektrum snarare än linjer
eller binära kategorier. I en bok jag läste om 2E alldeles
nyligen återkom det som psykiatern sade till mig:

> Maybe your giftedness was masking your challenge /
> needs or maybe your challenge was masking your
> giftedness.

De maskerade varandra, ja. Men de förutsätter också varandra.
För att förstå min särbegåvning måste jag ta mina autistiska
drag i beaktning. Och för att förstå mina autistiska drag krävs
det att jag också tänker på min särbegåvning. Det går inte att
se den ena udden utan att också se den andra för att förstå
mig. Till det kommer ju också andra personlighetsdrag och
förutsättningar som bildar en profil av uddar och spetsar.

Jag kan alltså släppa tanken på linjära ekvationer och börja
röra mig inom mitt spektrum. Det är ovant. Jag tycker inte om
att inte veta.

En annan sak psykiatern sa till mig var att jag fick vetenskaps-
förbud. Det betydde alltså att jag inte skulle läsa mer forsk-
ningsartiklar om autism och särbegåvning (vilket såklart var
det jag hade gjort som besatt): "Nej, nu behöver du lära dig
mer om hur det är att leva med det här. Läs biografier!"
Eftersom jag gör det som folk säger åt mig så gjorde jag det.
Och nu börjar vi närma oss slutet på den här texten.

Jag har läst biografier. F.D. (före diagnos) och E.D. (efter
diagnos). Jag har alltid älskat att få ta del av en människas
livslopp. Det fascinerar mig oavsett om det är ett glamoröst liv
i fyrtiotalets Hollywood eller ett liv i stor utsatthet i en förort
till Stockholm.

Lika mycket har jag alltid avfärdat personer när de har läst en bok och säger att de känner igen sig så himla mycket för det kändes som de läste om sitt liv. "Så där är det ju för alla, de skriver ju så att alla ska känna igen sig" har jag sagt, eller i alla fall tänkt – man ska ju skapa trevnad. Men vet du, psykiatern hade rätt. För varje biografi jag tog del av om att leva med autism kände jag bit för bit att min världsuppfattning liksom ändrade form. Det tog dock några böcker för att komma till mig själv.

Ett omdöme jag fick under min forskarutbildning är att jag tänker baklänges. Det här var F.D. men det kommer liksom i ett annat sken E.D. Till att börja med såg jag alla i min närhet med de olika aspekter av autism som beskrevs. Jag är ju lite krånglig ibland och måste tänka i en annorlunda riktning. För att förstå. Jag kanske faktiskt tänker baklänges – på riktigt. Och ja, det handlade om mig hela tiden.

Nåväl, åter till frågan om andras levda erfarenhet av att leva som autist. Med försiktiga steg såg jag mig omkring i detta nya landskap. Hör jag hemma här? Jag, som alltid längtat efter att höra till och som tryckt in mig i normen för att se om det funkar men aldrig känt mig hemma, fylldes av en ny känsla. Känslan av lugn. Av axlar som sjunker en smula och lättar på trycket.

Jag tänker på migränflimret som försvann när jag började förstå att det faktiskt är solljus och solblänk som triggar. Minns hur stressen minskade när jag sa nej till konferens-middagen med mingel och stannade på hotellrummet i stället. Och vad är det här? "Autister kan ha svårt med att reglera kroppstemperatur och kan vara under- eller överkänslig för värme och kyla". På riktigt – hon är jag. Jaha, det kanske var därför jag alltid var arg som ett bi när jag kom hem från skolan och kläderna klibbade fast på kroppen efter cykelturen upp för backarna. Kanske var det därför jag ilsket slängde av mig alla kläder direkt innanför dörren och sprang in i mitt rum och somnade. Kan det heta meltdown? Jaha.

Okej, nu börjar jag få grepp om det där med autismen. Dags för nästa del – särbegåvning. Lyssnar på intervjuer med Mensa-personer. Inser snabbt att det inte har med smarthet eller prestation att göra. Det är ett sätt för hjärnan att fungera. Det är befriande att höra för mig som är både kravkänslig och högpresterande. Att det är ett tillstånd.

I en intervju sa en kvinna att "du berömmer inte en två meter lång människa för att hon kan nå upp till den högsta hyllan". Det är klokt. Återigen, känslan av lite lugn. Men också, insikten om att jag alltid har utgått ifrån att jag har fel och att alla andra har förstått mer än jag. Försöker tänka på att det kan vara tvärtom – att jag har förstått annat än andra och ibland till och med mer.

Jaja, vi går vidare i det nya landskapet där jag ska läsa om hur det är att leva när man är som jag. Då har vi kommit till det där med 2E men där tar det lite stopp. Jag har hittat *en* bok på svenska om att vara 2E och den heter "När det enkla ändå blir svårt" och handlar om barn och unga.

Jag är en femtioårig kvinna som nyss fått reda på att jag är dubbelt udda. Den rösten saknar jag i biografierna och det är den egentliga anledningen till denna text. Men jag lovade för ett tag sen att vi närmade oss slutet på texten och nu är det dags att summera.

～

D et jag vet nu är att jag har en spretig profil med åtminstone två uddar. Jag tänker mig fram i livet (vilket jag lärde mig av Lina Liman), mitt specialintresse är psykologi och socialt arbete (vilket jag lärde mig på TikTok), jag är sensoriskt överkänslig mot värme och underkänslig mot kyla och smärta (psykiatrins grundutbildning), jag gick med i Mensa men tror egentligen att jag är korkad.

Jag vet fortfarande väldigt lite om hur det är att leva när man är som jag. Jag vill veta mer. Sen. Just nu vilar jag i lugnet som kommer av att känna att jag har landat, med en karta som stämmer bättre än tidigare.

Jag har ju dåligt lokalsinne ändå så rätt karta gör det förhopp-ningsvis lite lättare. Jag tar och kastar den neurotypiska kartan och letar vidare. Jag kastar också idén om att jag är en ekvation som inte går ihop.

Jag är en spretig profil med dubbla uddar som älskar att hitta röda trådar.

Just ja, en sak till. Jag hade ju en poäng med det där sista. Det här är en spretig text med flit. Som forskare är jag fostrad att hålla den röda tråden. Att följa formen. Med den här texten vill jag skriva på ett annat sätt. Jag vill skriva mig själv. Då blir det spretigt och jag vill att du förstår att det känns obehagligt i hela kroppen för mig att veta att du har läst ända hit bara för att upptäcka att det inte kom någon fyndig slutkläm som knöt ihop hela texten.

～

GYCKLAREN

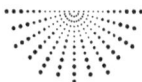

STINA PILS

Morgon.

Vägen till skolan kantades av nyponbuskar och husens olika häckar hejdades att breda ut sig från de raka tillrättalagda staketen. Gräsmattorna var välklippta, och doften av höst låg i morgonluften. Kylan letade sig in genom Klaras tunna mörkblå jacka som hon alltid hade på sig. Ett snöre runt midjan och ytterligare ett snöre att dra åt undertill.

Hon hade dragit åt hårt för att hindra vinden att krypa in. Hon var mager och hennes blåa jeans hängde mer på höften än i midjan. Att hon var smal var inget hon själv uppfattade utan snarare något hon alltid hörde från de vuxna och sina större syskon.

"Du måste äta lite mer. Du ser ut som ett Biafrabarn."

Vad ett Biafrabarn var hade hon bara en vag aning om. På tv:n hade hon sett bilder från Afrika. Där satt mödrar med sina barn i famnen och vaggade fram och tillbaka. Skelettliknande barn med uppsvällda magar som grät medan flugorna flög in i deras ögon. Läskiga bilder som skvallrade om en grym värld.

Det var alltså ett sådant barn de sa att hon var lik. Att det var farligt att äta så lite mat som hon. Men Klara försökte verkligen äta. Hon ville inte vara ett Biafrabarn, hon ville inte få kväljningar av den mat som serverades hemma och i skolan. Hon ville vara som alla andra.

Hennes pappa brukade ta med Klara och hennes två i åldern närmaste syskon på kvällsturer till korvkiosken som låg en bit utanför samhället. Där lät han henne beställa precis vad hon var sugen på. Hon hade en standardrätt, pommes med schnitzel, och till det en äppel-MER att dricka.

Pappa brukade parkera bakom den slitna lilla kiosken mitt ute på slätten och där satt de och åt i bilen i mörkret tillsammans medan de samtalade, berättade historier för varandra och ibland sjöng a cappella. De var de absolut bästa stunderna, borta från bråken hemmavid, borta från skolan, borta från allt som gjorde henne rädd. Där i bilen var hon trygg, säker och uppskattad för den hon var. Inga hånande ord, inga försök till att vara det som hon visste att hon borde vara.

~

H ennes mamma gick bredvid henne och ledde sin cykel som var en äldre dammodell. Den hade inga växlar och såg handmålad ut. Halva cykelramen var rödfärgad, den andra blå. Mamma hade haft den cykeln så länge Klara kunde minnas. Hon tyckte om den även om hon skämdes lite inför de andra barnen som skulle hacka på henne för att de var fattiga. För fattiga för att köpa nya fina pastellfärgade cyklar med bockstyre och tio växlar.

Även om hennes familj bodde i ett stort hus i ett villaområde så skilde de sig från de övriga grannarna. Alla andra hade en, ibland två, fina bilar stående på uppfarten. Klaras pappa körde omkring i en orange gammal Volvo täckt med rostfläckar nertill. Hennes pappa spenderade mycket tid på helgerna med att laga den risiga bilen.

Det kändes orättvist. Hon ville att han skulle få vila ordentligt för han jobbade så långa veckodagar. Dessutom var han gammal, började närma sig sextio års ålder och såg ut som hennes morfar. Han behövde sin vila, för tänk om han skulle dö.

Hon vågade inte tänka på det, ändå var det sådana tankar som for genom hennes huvud på nätterna. Det och tankar på onda andar som skulle krypa in under hennes täcke och ta henne i besittning.

Hennes mamma var också äldre än de andra mödrarna. Men det kunde högst vara tio år som skiljde och det gjorde inte så mycket för hennes mamma såg fortfarande ganska ung och stark ut. Det var mest hennes kläder som skvallrade om en annan generation. Hon hade alltid en lång mönstrad kjol och en lång tunn beige kappa. Men det som verkligen var annorlunda var att hon bar en schalett över håret som var knuten under hakan. Dessutom bröt hon ganska kraftigt på tyska. Klara tyckte även att hennes mamma blev så förändrad tillsammans med andra vuxna. Hon verkade tystna och bli blyg. Hon var väldigt noga att allt skulle vara korrekt och till-rättalagt.

Hennes mamma brukade följa med henne till lekis när hon var sex år. Och det var nog inte så konstigt att mamma lämnade och hämtade henne då. Det största problemet var att Klara hatade att vara där. Eller hatade var fel ord. Hon vantrivdes så till den grad att hon försökte göra sig så osynlig som möjligt och bara hoppades att tiden skulle rinna iväg.

Några barn studsade på madrasser och kuddar inne i lekrum-met, några andra var inne i musikrummet och lyssnade på inlästa sagor. Klara satt oftast själv, och ibland i sällskap med en fröken, vid det runda bordet och petade kulörta plastpärlor på en pärlplatta.

Varje dag hade de även fruktstund. Då hämtade Klara sin röda nya plastväska med silverfärgat knäppe och plockade upp frukten mamma hade lagt i väskan. Hon tyckte om doften som letade sig ut. Det doftade nytt, plastigt och banan.

Efter frukten var det vilostund. Hon hade förstått att det skulle vara en typ av avslappning. Hon brukade ta den tunna plastmattan och lägga den vid väggen som var belamrad med upphängda hyllor. Sedan försökte hon sakta flytta sig närmre och närmre tills hon låg under det nedersta hyllplanet. Där var det tyst och lugnt och ingen kunde se henne. Där låg hon tills fröken sa till att hon måste rulla ut igen. Men varje dag gjorde hon nya försök.

De andra barnen verkade trivas. Åtminstone de flesta, de populära och omtyckta barnen. De småskrattade fastän det skulle vara tyst. Hon kunde inte motstå att ogilla dem.

Det fanns två andra barn som också höll sig mest för sig själva. Den ena, Åsa, var en lång gänglig flicka med fräknar och stora glasögon. Klara hade först trott att hon var sjuk på något sätt, eller som hon hade hört andra säga "mongoloid". Hon undrade varför hon inte var i en annan grupp som var till för dem som var mongoloida. Klara ville inte vara nära Åsa. Hon fick för sig att det som flickan drabbats av skulle smitta över till henne.

Den andra tjejen hette Annika. Annika var blek, och blå under ögonen. Dessutom rann det alltid snor från hennes näsa. Klara satt bredvid henne ibland eftersom hon ändå verkade rätt så normal förutom snoret.

Den populäraste flickan hette Elsa. Killarna verkade vara kära i henne och de andra tjejerna ville vara hennes kompis. Till och med lärarna tycktes vänligare mot henne. Elsa hade långt ljusbrunt hår med kort lugg. Hennes ögon var klarblåa och hon hade smilgropar i kinderna.

Klara avskydde henne och undvek henne så mycket det gick. Hon vägrade vara lika fjäskig som de andra. Hon stod inte ut med grupperingarna och känslan av att tillhöra den lägsta gruppen. Hon bestämde sig för att hon hellre var själv. Hon ville inte tillhöra gruppen alls. Hon ville bara därifrån, hem till sitt hus och till sina syskon.

〜

N u gick Klara i tvåan och skolan var värre än lekis. Dessutom hade hennes lärare Ulla bestämt sig för att Klara var ett omöjligt barn. Mamma behövde fortfarande följa med henne till skolan och nu kunde Klara inte låta bli att tycka det var skämmigt. Hon var för stor för att behöva sin mamma. De andra gick antingen till skolan i sällskap med andra klasskamrater eller cyklade själva. Men det var inget fel på dem, inte som med Klara.

Klara gick alltid till skolan med en klump i magen och ett obehag i kroppen. De gångerna hon fick lov att promenera till skolan själv brukade det ofta sluta med att hon inte kunde motstå impulsen att rymma eller, som de andra kallade det, att skolka.

Hon visste att man inte fick skolka och att det skulle bli konsekvenser, men just då och där blev infallet för starkt. Mitt i ett steg framåt så valde hennes hjärta, eller var det hennes hjärna, att vända om. Och hennes ben började springa – antingen mot skogsdungen som låg en bit bort ifrån hennes hus – eller tillbaka hem igen. Tankarna rusade och hon fick känslan av att hon begick ett brott. Att polisen skulle komma och hämta henne eller att någon annan auktoritär instans skulle komma och skälla, prata och tvinga henne tillbaka.

Om hon valde skogen skulle hon åtminstone för en kort stund slippa skäll och klockan skulle ticka iväg så pass mycket att skoldagen nästan var över. Nackdelen var att hennes mamma skulle bli utom sig av oro och människor skulle börja leta efter henne. Om hon valde att gå hem skulle hon få lyssna på sin mors jämmer och skrik. Hon skulle än en gång få höra att hon måste gå i skolan, att hon inte kunde fortsätta att bete sig som hon gjorde.

Hon skulle börja gråta, springa in i badrummet och säga att hon vägrade. Att mamma skulle ringa och säga att hon var sjuk. Ibland fungerade det och ibland hörde hon sin mamma ringa skolan och säga precis som det var. Att hon inte kunde få Klara att gå till skolan.

Två gånger hade det hänt att skolsystern hade kommit hem till dem när Klara hade låst in sig i badrummet. Då hade både hennes mamma och skolsystern Margareta försökt få henne att låsa upp och komma ut. Det hade väckt sådan skam i henne att när hon till slut öppnat dörren klarade hon inte att se på dem. Hon ville upphöra existera. Och tanken på att komma in på en skollektion tillsammans med sjuksystern fick henne att skämmas om möjligt ännu mer. Barnen skulle stirra och hon kunde nästan höra vad de tänkte. Den felande länken, den som aldrig kunde bli som de andra, och det enda hon kunde känna i gengäld var ett sorts märkligt hat blandat med rädsla.

Till slut hade alla de här händelserna resulterat i ett sorts "möte", som utspelade sig i skolsysters rum. På trästolarna satt fröken Ulla, Mamma, syster Margareta och en annan tant i mörkt kortklippt hår och glasögon, som Klara aldrig träffat förut. De satt i en ring och alla de vuxna talade försiktigt och tillgjort och var noga med att le mot varandra och samtidigt låta sin blick landa på henne nästan inställsamt, innan de slutade sin dialog.

Klara tittade sig mest runt om i rummet, på sina fötter, ut genom fönstret, på mamma som såg så främmande ut. Hon hade lite smink runt ögonen, en extra fin blus som pryddes av en brosch och hon doftade lätt av parfym. Klara lyssnade knappt och svarade någon enstaka gång på frågor hon inte förstod. Men ingen verkade bekymra sig över hennes tystnad. De vuxna ville ändå mest prata med varandra. Förutom att hon kände sig lite vilsekommen och blyg var hon ändå inte orolig eller otrygg. Hennes mamma fanns ju där.

När mötet var slut visste Klara fortfarande inte vad som hade bestämts eller varför de vuxna hade haft så mycket att prata om. På promenaden hem berättade hennes mamma att från och med nu skulle hon ha kortare skoldagar än de andra barnen. Hon skulle delta på förmiddagens lektioner och på skollunchen. Sedan skulle hon få gå hem.

Klara tyckte att det hela lät bra, men hon kunde inte riktigt förstå varför hon var tvungen att äta skollunchen. Det var ju den som var allra värst. Hennes mamma berättade också att den mörkhåriga främmande tanten som varit med på mötet skulle komma och hälsa på dem hemma. Klara funderade aldrig på varför tanten skulle komma på besök, men hon funderade desto mer på hur hon skulle kunna undvika den äckliga lunchen.

～

Luften var klar och kall och de började närma sig skolan. Hon såg skoldagen framför sig. Barnen som stojade innan skolklockan ringde och kön de skulle bilda när den fördömda klockan till slut plingade till. Hur barnen skulle infoga sig i ledet och hur den silverfärgade dörren till den blå träbyggnaden skulle öppnas av fröken Ulla med det konstiga leendet och tandraden som alltid blottade två markerade spetsiga hörntänder.

Hon tittade upp mot sin mor som hade blicken rakt fram och gick med bestämda steg mot platsen Klara fasade för. De närmade sig samhällets matbutik, korsade bilvägen och vidare på cykelvägen. Baksidan på den blå rektangulära skolbyggnaden. Fönster som gapande hål in till salar som hade stått tomma över natten. Det lös inifrån och hon förstod att dagen hade börjat.

Nu tornade klumpen upp sig i magen, illamåendet och musklerna som inte längre ville röra sig. Hon blev stående några hundra meter bort från det främmande. Borta från matsalens kvävande lukt av köttfärslimpa och potatis, borta från otaliga ansikten av ungar som var och en hade sin särpräglade lukt, borta från frökens sura kaffe-andedräkt och rasternas osäkerhet.

"Mamma, snälla, kan jag inte få vara hemma idag?"

Hon lät ynklig och sa det så tyst hon kunde för att inte väcka någon ilska eller oro.

"Nej, Klara! Inte igen. Vi har pratat om det här. Du måste gå i skolan. Alla barn måste gå i skolan. Nu får du ju sluta tidigt. Du är snart hemma."

Mors röst var lite skarp men inte ännu desperat.

"Men jag är sjuk, jag mår illa och har ont i magen. Jag kommer att kräkas."

Nu kände hon hur paniken rusade för fullt. Hon vände sig om och började gå tillbaka.

"Nej, Klara, nu kommer du hit", hörde hon mamma bakom sig. "Ja, då får polisen komma och hämta dig i stället."

Klara stannade upp igen. Nu kom tårarna och alla skulle se på hennes ögon att hon hade gråtit. Hon hörde redan barnens frågor: "Vad är det med dig då? Har du tjutit eller?"

Hon stod där som fryst och vägde fram och tillbaka. Handlingar och deras konsekvenser. Hon gav upp. Hennes mamma hade börjat skrika och klumpen i magen hade växt ännu större. Hon skulle gå, hålla sig undan. Sitta tyst i bänken och hoppas på att hon inte fick några frågor. Stänga sina öron, tugga på spetsen av blyertspennan, plocka isär sina luktsuddisar och vänta på att klockan gjorde sitt. Men det skulle inte vara färdigt där. Först var det lunch.

Mamma såg lättad ut när Klara började gå i rätt riktning. Nu var hennes röst mild och uppmuntrande.

"Du är snart hemma igen. Dagarna går så fort. Och när du kommer hem så har jag bakat äppelkaka. Lyssna bara på fröken, så blir det bra."

Klara försökte torka bort sina tårar men det verkade bara komma fler. Nu stod hon precis vid gränsen mellan plikten och friheten. Två kliv till så var hon skolans egendom. Hon snörvlade upp snoret, blinkade snabbt med ögonen och hoppades att fransarna skulle torka ut allt det salta och blöta. Hon lossade sin röda skolväska som hängde på sin mors cykelstyre och lät den tomma skolväskan hänga slappt i handen.

"Hejdå mamma!"

Hon började gå utan att tänka. Hon såg att den ena bänken på gården var ledig och skyndade sig för att få en plats i hörnet. Allt handlade om att vänta och slippa. Nu började rutinen precis som hon hade lärt sig den. Skolklockan plingade, ungarna samlades vid olika dörrar som öppnades av olika fröknar.

Magens klump plaskade fritt medan Klara hängde av sig sina ytterkläder. Doften av rengöringsmedel och den odefinierbara lukt som bara en skola kan framkalla. Träbänken och stolen väntade på henne. Den egenmålade pappersskylten med hennes namn prydd av färgglada blommor.

Väl på plats fylldes hennes huvud återigen av om hon skulle simulera illamående, kräkningar och sjukdom. Och sedan ytterligare tankar på att ingen längre trodde på henne. Även om det var sant.

Hon mådde illa, hon hade ont i magen och ibland när kroppen inte längre orkade bära allt det där som tryckte i henne, så svimmade hon. Oftast svimmade hon hemma och på nätterna. Det kunde hända flera gånger i månaden och hon tyckte att det var så otäckt att hon nu hade blivit rädd för att svimma.

En gång hade det hänt i sandlådan på skolgården. Hon minns hur yr hon hade känt sig och när hon hade sett sin storasyster som också var ute på skolrast, så hade hon gått dit för att be om hjälp. Därefter blev allt svart och hon vaknade till av att Helena, som hennes syster hette, bar henne över skolgården mot skolsköterskan Margaretas rum. Helena var tre år äldre och Klara kunde inte låta bli att beundra hur stark hon hade varit som hade orkat bära henne.

Nu satt hon här igen och första lektionen var välskrivning som var ett av de få ämnen hon gillade. Det var behagligt tyst i skolsalen och hon försjönk i boken och de repetitiva övningarna. Hon hörde inget längre. Hon fanns knappt.

Tre lektioner och två raster senare var det dags att gå mot skolmatsalen som låg längst bort på skolgården. Hon gick i sällskap med en klasskamrat som hette Maria. Maria bodde bara några hus ifrån henne och det hände att de ibland lekte på fritiden.

De gick förbi basketplanen, förbi lekplatsen och förbi mellan-stadiets skolsalar och dess elever. De stora och i Klaras ögon nästan vuxna eleverna som snart skulle börja i högstadiet. Väl utanför skolmatsalen bildades ännu en kö. Fröken blåste hårt i sin visselpipa så att de mest livliga ungarna skulle sluta prata och inrätta sig i ledet. Ännu en dörr öppnades och de gick till det stora kapprummet.

Den ena väggen hade dörrar till träslöjden och syslöjdslokalen. Den tvärgående väggen hade glasdörrar som ledde till matsalen och bredvid dörren hängde fyra små handfat där klungor av spretiga barn skulle doppa sina fingertoppar i vattenstrålen. Mot motsatt håll fanns ytterligare en entré samt en ingång till gymnastikens omklädningsrum.

Efter att Klara hade hängt av sig jackan och blött sina fingrar vid handfatet så bildades kön återigen. Den här gången i bokstavsordning. Klara var näst först och bakom henne stod Henrik som alltid smygboxade de andra på överarmen. Ingen vågade riktigt säga ifrån. Inte ens killarna som var större än honom. Tjejerna sa bara "Lägg av då!" Och killarna sa ingenting. De skrattade bort det hela och lät honom hållas. Som om de skämdes lite. Fröken sa inte heller ifrån. Hon låtsades inte se något överhuvudtaget.

Klara önskade att hon hade ett annat efternamn. Något som gav henne en plats mellan två tjejer i stället. I dag luktade halva skolområdet fisk och, mycket riktigt, på skylten stod det kokt torsk. Klara kunde inte äta mycket av det som serverades i skolan.

Både barn och vuxna hade sagt att hon var bortskämd. Att man måste lära sig att tycka om maten som serverades. Det var ofint att inte äta upp. Otacksamt och ouppfostrat. Men Klara kunde bara äta viss mat. Hon tyckte bara om vissa lukter, vissa smaker och viss konsistens. Allt annat gav henne kväljningar och om hon då inte spottade ut maten fort nog, så skulle hon börja kräkas.

Hennes matvanor var enformiga och hemma behövde hon samma matrutiner varje dag. På morgonen gjorde hennes mamma en kopp varm choklad och en halv skiva

Skogaholmslimpa med smör och apelsinmarmelad utan skal i. Smöret skulle vara fint utbrett och kanterna på limpskivan bortskurna. Det var bara hennes mamma som visste exakt hur det skulle vara.

Men idag var det fisk och potatis och Klara visste redan att hon inte skulle klara av att äta det. Kön närmade sig brickstället och bakom varje kantin stod en mattant och slevade upp mat på tallrikarna. Hon greppade en matbricka, plockade en gaffel och tog fler servetter än vad som var lämpligt. Den första mattanten ansvarade för fisken som låg där dallrig och gråvit.

"Bara jättelite tack!"

Tanten fyllde sleven och tömde en hög på hennes tallrik.

"Det är för mycket. Jag vill ha mindre." Klara kände paniken komma igen.

"Det där är inte mycket." Tanten som svarade såg bryskt på henne men Klara gav sig inte.

"Jag vill ha mindre."

Tanten tog fram skeden och halverade hennes portion.

"Så, nu kan det inte bli så mycket mindre."

Klara visste att hon måste nöja sig, annars skulle fröken komma. Hon flyttade brickan mot potatistanten.

"En halv potatis tack!"

"En halv?" Tanten såg förvånat på henne.

"Ja."

Klara tyckte sig se hur tanterna utväxlade blickar med varandra. Men hon struntade i vad de tyckte om henne. Hon måste försöka få så lite som möjligt, för snart skulle fröken tvinga henne att äta. Hon drog brickan mot den sista tanten som portionerade ut sås och rivna morötter.

"Ingen sås, mycket morötter tack!"

Tanten nickade och fyllde hennes tallrik med en tång morötter.

Klara gick mot långbordet där tjejen före henne i kön redan satt. Fröken hade hängt sin tröja över stolen mittemot Klara. Det var likadant varje gång. Fröken hade som uppgift att vakta henne, sitta bredvid och se till att hon åt upp all sin mat. Inget fick kastas.

Nu var alla barnen på plats. En del klagade på maten men verkade inte ha några större problem att ändå få i sig den. Klara petade ihop en liten bit fisk med en liten bit potatis och stoppade den i munnen. Hon kände äcklet, och hur mycket hon än försökte så kunde hon inte svälja ner tuggan. Snabbt fyllde hon gaffeln med de rivna morötterna. Sötman och den hårda konsistensen hjälpte och hon lyckades svälja den första biten.

Hon tog en klunk mjölk för att rensa bort så mycket av fisk-smaken som möjligt och sedan upprepade hon proceduren. Nu var hälften av portionen avklarad men hon kunde inte förmå sig att svälja ner mer. Hon prövade med hjälp av både morött-terna och mjölken men det gjorde bara tuggan större och till slut spottade hon ut allt i servetterna som hon hade förberett sig med. Frökens ögon blev stora.

"Du får inte spotta ut maten. Du äter upp allt på tallriken."

Klara avskydde sin fröken. Hon hatade henne.

"Jag kan inte äta mer", sa hon och började gråta.

Klasskamraterna sneglade mot hennes håll. Som om de inte riktigt visste hur de skulle reagera. Klara väntade en stund, gjorde ett nytt försök och spottade ut maten igen. Igen och igen. Lunchrasten började gå mot sitt slut och hennes klasskamrater lämnade borden och var nu ute och lekte. Det var bara Klara och fröken kvar, och fröken såg missnöjt på henne.

"Jag vet inte vad man ska göra med dig. Nu är det snart dags för lektion så du får lämna bordet. Men du ska inte vara nöjd med dig själv. Alla andra barnen kan äta maten. Det är inget fel på den. Så varför duger den inte åt dig?"

Klara svarade inte. Det värkte i halsen efter att ha försökt kväva den värsta gråten. Hon ville bara därifrån. Hon tog med sig brickan och lämnade den i diskstället. Gick mot sin jacka som hängde där ensam kvar i kapprummet.

Hon hörde skolklockan ringa. Nu började eftermiddagens lektioner, men hon var fri. Hon kände lättnaden. För varje steg ifrån fröken, kapprummet, skolgården, skolbyggnaden och barnen. Hon lättade mer och mer och det som nyss hade hänt var över. Åtminstone för en stund, åtminstone för idag. Hon lämnade allt bakom sig. Snart var hon hemma. Snart var hon trygg.

∿

Det tog fyrtioåtta år för Klara att få diagnosen autism.

∿

DORIS DAGAR

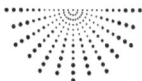

BELLA LJUNG

Det svåra är att det inte syns utanpå, att hon hela sitt liv kompenserat och studsat sig igenom dagar, veckor och år. Sprudlande glad och bubblande av idéer, impulsivt opassande med ett stort motstånd mot orättvisor och subjektivt fattade regler och normer.

Arg som ett bi om hon blir intvingad i en mall, en roll eller ett system som förutsätter följsamhet och lydnad på oklara grunder.

Med en stor oförmåga att bryta mindre bra beteenden och mönster eftersom hon bara gått vidare och lagt gårdagens erfarenheter och lärdomar i papperskorgen. Intrycksfritt och städat!

～

DIAGNOS ENL. ICD-10 ASPERGERS SYNDROM

Det finns ett inbyggt moment 22-kriterium i autismdiagnosen.

Har du svårt att generalisera, sammanfatta och se samband mellan diagnoskriterier och egna förmågor. Förstår du inte att du inte förstår. Då kan du ha autism och då är det bra med en diagnos – så du kan förstå dig själv...

"Min bonusson har adhd och autism", säger grannen när vi möts i återvinningsrummet.

"Det har jag med", säger jag medan jag slänger plast och kompost samt mina hemnycklar i kartonginsamlingen. "Men jag tycker inte att det märks så mycket."

> *Slutanteckning. Patienten har sedan tidigare diagnosticerats med adhd och bedöms nu även ha autismspektrumtillstånd.*

Vi är på återgivningsmöte, jag, mina föräldrar och mina vård-kontakter. Jag har stängt av och redan börjat åla ner från stolen på väg mot en tryggare plats.

Någonstans förstår jag att frågan har med saken att göra – svårigheter med interoception, central koherens och proprioception. Det handlar om autism. Men hur har dessa svårig-heter med mig att göra. Jag får inte ihop mitt inre, min kropp och min omvärld. Den beskrivande texten om autism gäller säkert för någon annan. Någon med riktig autism. Jag har inte just de problemen.

Hur kan andra märka att jag är autistisk? Jag ser det ju inte ens själv?!

Jag är trött på att försöka förstå och förklara för de som bort-förklarar och misstror. Jag vill ha en tydlig och konkret sammanfattning att visa upp. Bevis, förklaringar med förtydli-gande och konkreta exempel. Visa mig kartan över mitt liv och förmågor, var och hur min autism märks, var svårigheterna och energitjuvarna är. Hur allt hänger ihop – då, nu och sen. Kämpar jag fortfarande på samma sätt med att vara på samma planhalva, för att kunna delta och känna samhörighet?

~

ETT HALVÅR INNAN

*Objektskonstansen är ofta nedsatt vid autism. Det handlar om att
det du inte ser och hör, inte är närvarande i sinnet. Det betyder inte
att du inte bryr dig, men kan uppfattas så av andra.*

"Sätt larm på din mobil om att du ska höra av dig till familj
och vänner", säger min psykolog då vi ses på hennes mottag-
ning. Hon menar att jag har svårt med objektskonstans.

De säger A men inte B. Som att de har förstått någonting. Inte
så att jag är konspiratorisk, men det känns som att jag
medvetet hålls utanför vissa gemenskaper. Men ok, jag sätter
in påminnelser om att höra av mig till mina nära och kära.

Stänger av, zoomar ut, svarar inte på inkommande samtal. Har
rivit ut halva min garderob; tänkte måla om. Men nu ligger
kläderna på golvet och jag har tröttnat innan jag ens börjat.
Min hjärna är så rörig.

Jag kämpar med att sitta på en stol, lyssna, tänka, delta, ta in
andra i rummet, svara och förklara. Typ som att genomgå en
intensivkurs i att vara vuxen, ordentlig och normal. Jag har
aldrig kunnat sitta på en stol som en normal människa och
samtidigt lyssna och säga något smart.

Jag vill kunna landa i saker, göra klart, eller i alla fall känna
mig nöjd med insatsen, men blir störd och tom i huvudet.
Orkeslös, hjärntrött, apatisk och måste vila. Det gör ont, som
att jag håller på att gå sönder. Ligger helt utslagen på golvet.
Det är som om att-göra-listan är lika mentalt och kognitivt
krävande som ett högskoleprov. Kan knappt andas.

Jag försöker få till en förändring, av något jag egentligen inte
kan eller förstår. Jag vill ha mätbara mål, en konsekvent röd

tråd, tydlighet, raka rör och slutdatum, men allt tappas bort i mötet med verkligheten.

Precis haft läkarsamtal, AST-utredningen påbörjas om några veckor.

∼

När gamla vanor, rutiner, beteenden, beprövade strategier, och ett "allt och nu-tänk" inte fungerar längre; förändras ens verklighetsuppfattning. Det krävs en hjärna av stål och en välutvecklad flexibilitet för att hitta och acceptera en ny verklighet.

Imorgon kommer bli en bättre dag

Som vanligt tog jag över dagens APT med helt ovidkommande information, samtidigt som jag tömde ut väskans hela innehåll på bordet i jakt efter mobilen. Det är som att jag inte kan sluta prata när jag väl har fått ordet. Men imorgon kommer det inte hända.

Imorgon ska jag lyssna och visa att jag bryr mig. Vara lugn. Sitta still. Sitta på en stol som folk. Vara cool, smart, påläst, iakttagande och avslappnad. Låta de andra ta plats. Följa dagordningen. Läsa det finstilta. Följa instruktionen. Läsa instruktionen. Tänka efter innan jag säger eller gör någonting... Som en normal, vuxen, mogen människa. Inte avbryta och prata om något helt ovidkommande mitt i ett samtal.

Jag ska göra allt det där jag skjutit upp. Jag ska vara så där förberedd och ha med mig endast det där jag behöver; som att jag har koll, kanske mer minimalistisk? Inte störa mig på detaljer, lappar, sömmar, att kläderna sticks och klias. Vara mer lagom. Alltid.

Dagen efter. Igen. Samma sak. En ångvält, en Duracell-kanin. Med en ostoppbar motor eller helst luststyrd energi. Oändlig energi. Där och då finns ingen morgondag.

Tills det tar stopp. Ligger helt slut, orkar inte klä om, borsta tänderna, natta barn, läsa saga, säga god natt. Somnar iklädd tjocktröja och joggingbyxor och ångest över att det blev samma sak även denna dag. Men i morgon... då...

> *Anteckning. Således patient som ramlat i natt och slagit i bakhuvudet. DT hjärna visar ingen blödning eller skelettskada. Bedömer detta som hjärnskakning och patienten får muntligt och skriftligt information om hjärnvila under en veckas tid.*

Det gör så fruktansvärt ont, som att jag är alldeles tom. Hjärnan känns som en konservburk som kastats mot en betongvägg. Jag har inte tid eller lust med det här, hinner jag tänka. Jag måste upp, allt måste vara som vanligt, tänk om jag aldrig kommer upp? Måste. Sekunderna går och jag tänker att jag har så mycket kvar i livet. Nästa vecka ska ju bli så kul. Jag kan inte bli förlamad här och nu.

~

Symptomen efter hjärnskakningen är kvar. Dag efter dag, månad efter månad. Jag har fastnat på hjärntrappans nedersta trappsteg, fast under det till och med. Diagnos postcommotio. Hjärnvila. Ta en dag i taget. En timme i taget. Orkar inte. Jag kämpar på, medan min uppbyggda trygghet rämnar. Mer och mer.

Jag förstör barnens barndom, säger barnens pappa. Snart tror jag på det han säger. Det är bara lögn att tiden läker alla sår. Orkar inte kämpa hela tiden. Vill verkligen, men hemma är allt dubbelt svårt. Känns ibland som att jag inte har något liv och vill inte förstöra någon annans.

En dag blir det för mycket med allt.

Anteckning, psykiatrikonsult. Indikation för omedelbar behandling och övervakning i sluten vård.

Psykiatrisk heldygnsvård. Inlåst. Får ECT, och har inga tydliga och skarpa minnen. Inga minnen alls. Varje morgon undrar jag var jag är och varför. De andra patienterna kallar mig vargen Doris. Minns ingenting och ylar efter frihet och utgång. Igår fick en medpatient rasta mig eftersom ingen i personalen hade tid att gå ut.

Anteckning. Beskriver rastlöshet på avdelningen. Vill gärna veta när hon kan skrivas ut. Sitter mest med telefonen. Efter lite resonemang och påtryckning enas vi om att hon skall vara utan padda och telefon.

Jag är uttråkad. Ingen har tid att gå ut. Har nog gått hundra vändor i korridoren, klippt håret med en galet slö sax och löst två lätta korsord. Sen kraschade hjärnan igen. Jag vill inte vara här.

~

PSYKOLOGEN, UTREDNINGEN, FRÅGORNA

Psykologutredning. Frågor, svar, fler frågor. Så svårt. Glider runt i stolen. Vrider på frågorna. På svaren. Vad menar han? Ordval, varför just det ordet? Är det samma som... Jag måste vila. Jag lägger mig här. Nu. På ditt golv. Tyst, mörkt. Släcka?

Psykologen behöver också vila. Är jättetrött. Behöver meditera.

"Är det ok att jag mediterar?"

"Det är ok..." säger jag. Självklart. Trött. Av att ha samtal med mig. Fattar. Skulle jag också vara, många blir det.

"Mörkret. Och covid", förklarar han.

Där ligger vi, eller han sitter, i ett samtalsrum på nionde våningen. I ett miljonprogramshus, på ett kallt betonggolv. En patient och en psykolog.

Jag fattar inte hur jag ska orka svara på alla frågor. Det är inte av ointresse eller lathet. Tvärtom väcker frågorna så mycket minnen, tankar, händelser och associationer. Men även nyfikenhet. En strävan efter kunskap, att bilda mönster, få hjälp med att städa upp i mitt inre.

Jag pratar som om det är min enda och sista chans att få ordet. Men tappar fokus, hör mig själv säga saker, tänker samtidigt på en annan sak och hur jag nog frångått ämnet. Hur jag ska binda ihop svaret med början. Och frågan. Jag märker hur jag själv redan är inne på ett annat spår, mer intressant, en fråga, en tanke och finns det ett samband? När jag var liten... jag blir så trött. Vad var det du ville veta?

∾

Heldygnsvård

Anteckning. Sömnstabilisering. Sedan utskrivning successivt försämrat mående. Mycket ångest och sömnbesvär, sovit 1–4 h / natt sedan utskrivning. Stora koncentrationssvårigheter, klarar ej av att organisera och prioritera i vardagen, känner sig misslyckad när hon inte klarar av att göra planerade saker. Ingen förhoppning om förbättring i framtiden. Sänkt grundstämning med flacka affekter. Vissa koncentra-

tionssvårigheter. Bedöms vara önskvärt att observera
patienten inneliggande. Hon går med på att läggas in
över natten till att börja med. För att uppmuntra pati-
entens sökbeteende läggs hon in enligt HSL men ställ-
ningstagande till konvertering får göras vid behov.

Tillbaka på psyket. En krypande oro i kroppen, inte möjligt att äta mackan. Inte vara på rummet. Orolig för hur barnen reagerar. Längtar. Är så ledsen över läget. Försöker ta ansvar men omständigheterna omöjliggör. Tid, avstånd, mängd. Extremt dåligt tålamod. Ovisshet, förändringar, otydlighet.

Jag sitter i en av korridorssofforna på avdelningen. Mittemot sitter en äldre kvinna och en yngre man.

"Jag har nio marsvin vet du", säger hon.

"Du äter dem väl inte?" frågar han som kallar sig Barret.

"Nä."

"De äter upp sina barn vet du", upplyser Barret.

"De kissar i sängen. Men katter var svårare. De kissade överallt."

"Doris, kan du hjälpa mig att öppna dörren?" frågar en äldre herre och vänder sig mot mig. Jag skakar på huvudet.

Barret pratar fortfarande med marsvinskvinnan.

"Har du varit här länge?"

"Aja... I flera år tror jag!"

"Jaha..."

~

Hur menar du?

> *Era röster och meningar hörs, orden känner jag igen.*
> *Det är sammansättningen som inte är helt klar. Ord,*
> *meningar, ansiktsuttryck och kroppsspråk. Vad*
> *menar ni? Vad vill ni?*

Psykologen ser frågande på mig.

Vi sitter återigen i hans rum på plan 9 i det höga huset.

"Jag fattar inte vad du menar! Det beror på ju. Frågan är otydligt formulerad."

Jag har alltid haft svårt att svara på frågor, allt från läsförståelse till formulär. Jag fastnar på hur frågan är formulerad, vad de menar och varför just den ställs. Är det ett formulär, ska den kanske även besvaras med ett kryss på en skala; "aldrig", "mycket ofta" eller något däremellan?

Hur ska jag veta vad personen menar med just den frågan, just den gången. Kanske finns det flera svar men endast ett val är möjligt? Hur ska jag veta, minnas, föreställa mig hur det kändes eller känns? Är min upplevelse likvärdig med det exempel som nämns i frågan? Är det konstigt att inte kunna föreställa sig en annan situation? Vad är en annan situation?

Börjar trevande försöka beskriva bortträngda, obearbetade beteenden och tankar. De försöker samla ihop sig i klusterformade flödesscheman, i rubriker och som tankekartor.
Frågorna öppnar en dammlucka. Nya och gamla tankar och frågor, från både mig själv och andra, väller fram. Nya begrepp får innehåll; central koherens, objektskonstans och Theory of mind.

"Va, nej jag har inte problem på det sättet, för mig är det mer såhär..."

"Mm, har det alltid varit så?" undrar psykologen.

Hjärnan arbetar intensivt med att hitta rätt och få ihop allt. Allt hänger ihop på något sätt och jag vill inte glömma eller tappa bort det där som plötsligt glimtar till. Allt samtidigt. Allt och nu. Vill förstå bakomliggande faktorer till generaliseringar, dela in, kategorisera och hitta specifika likheter. En till synes obetydlig fråga sätter i gång en plötslig och ostoppbar lavin av minnesbilder som helt slår ut nuet.

Sensoriskt överkänslig? Jämfört med vad? Jag har kläderna ut-och-in, klipper bort lappar, har "on"- knappen ständigt på. Undviker att dra ut vissa lådor eftersom de luktar illa. Kan undvika folk för att deras hår luktar av fel schampo. Intrycken tar över och blir det enda jag kan tänka på. Hela jag blir ett kliande, irriterande, illamående, kaotiskt och överkänsligt monster, helt överstimulerad. Saknar filter.

Mina sinnen protesterar. Disktrasan luktar sur mjölk. Mina kläder stör mig, strumporna sitter åt, sömmar och lappar sticks. Att frysa suger energi och gör mig stel och apatisk, att svettas gör mig irriterad och stressad. Jag mår dåligt av att vara mätt men även av att vara hungrig. Är jag för pigg kan jag inte kanalisera den sprudlande bubblande energin och gör och säger saker jag senare får ångra. Är jag för trött blir jag apatisk, uppgiven och deprimerad.

Jag kan inte koncentrera mig eller utföra ens enkla uppgifter när jag är för törstig eller kissnödig. Det får heller inte vara för tyst men inte för mycket ljud. Jag har svårt att känna ett lugn när jag är ensam och har svårt att stänga av med andra. Jag hittar sällan det där perfekta läget eller platsen.

Jag förväntas tycka, svara, prioritera. En ständigt ökande lista av ogjorda uppgifter och däremellan läxor, svara och samtala med människor, ge och visa all den omtanke och kärlek jag känner, inte bli arg, irriterad, inte gråta, gärna tänka klart en mening. Göra det jag vill. Kom ihåg egen tid! Med mig? Vad vill jag då? Eller egentligen, vad ska jag börja med?

Idéer är det ingen brist på. Det är orken, tålamodet och uthålligheten. Vill jag det andra vill? Vill eller behöver? Det är mycket man behöver göra som endast utgör en dags grundschema. Vad är viktigast? Innerst inne vet jag att jag själv är viktig för att kunna ta hand om det viktigaste av allt, barnen.

Jag vet. Rent logiskt. Ändå fastnar jag i det jag ser framför mig exakt i den stunden, jag fastnar i ett ord, i något annat än det jag var på väg att påbörja. Allt är lika viktigt och prioriterat. Allt kan göras samtidigt. Allt tar och har sin tid. Vilken tid? Vad ska jag börja med? Bryter ihop. Hinner inte det jag behöver och egentligen vill. Kan absolut inte prioritera eller uppskatta tid. Har svårt med otydlighet, ovisshet, förändringar och både implicita och explicita förväntningar. Jag har ett uselt tålamod. Inombords pågår ett livslångt inbördeskrig, allt skaver, det tar aldrig slut. Det tar aldrig slut.

Minnena testar gemensamheter, korrelationer och likheter. En ytterligare fråga leder till ett genombrott, svaret är lösningsmedlet som tar sig in i minnesbilderna, löser upp psykologiska skyddsmekanismer och där och då går de från att befinna sig i fritt fall till att samlas i förgreningar i ett flödesschema eller en tankekarta. En del av dessa frågor blir rubriker. Många är ännu obesvarade eller ännu ej ställda.

Nej. Jag har aldrig jämfört mig med någon, vet inte hur det känns att vara svartsjuk eller avundsjuk, har aldrig försökt prestera för vare sig min egen eller andras skull. Så fort det vankas en yttre belöning eller motivation, gör jag tvärtom. Det sker per automatik.

Är det svårigheter att tolka, läsa av, sammanfatta och se hela sammanhanget, som gör att jag inte känner en naturlig gemenskap i grupper? Jag har alltid haft lätt att få vänner, det är inte det.

Som att jag alltid är elva år och sekundsnabbt måste plugga in alla viktiga kunskaper och gemensamma erfarenheter som olika grupper och vänskapsrelationer bär med sig som ett osynligt men enande samhörighetslim.

Psykologen vill ta en paus. Det räcker för idag.

"Vi fortsätter med nästa del av utredningen vid nästa tillfälle."

∿

FALLER

Vandrar runt i stan. Bastugatan och Lundabron över till Ludvigsbergsgatan och Munchenbryggeriet.

Fullmåne. Nyårsafton avklarad. Julafton med. Älskar nya år. Dagen efter. Alla ligger bakfulla hemma och äter pizza. Inga krav.

Men oron bubblar, kväver och trycker mig neråt i ett svart hål. Läser igenom meddelandet innan jag skickar.

> *Mail to: nätverket. Barnens pappa ger sig inte. Det är ju så här han alltid gjort, och tror att han kan fortsätta med, kritiserat och kritiserat, tycker att jag är pinsam, skämmer ut honom, tar fel beslut, är fel, gör fel, när ingen annan ser och hör. Ju sämre han mår, ju mer skit får jag ta. Tänkte att han kanske inte vågar om han vet att ni funkar som brandvägg, och jag har inte velat och vill egentligen inte, berätta om hans dåliga beteenden, vill inte sätta dit honom, det är kanske konstigt att jag inte dragit från honom tidigare, har tänkt och sagt det många*

gånger. Men han har hela tiden lockat tillbaka mig.
Är ett asplöv av alla ilskna lappar han lämnat i
huset.

20:54 Benen viker sig. Känns som jag har en allergiattack. Vad
är nästa steg? Börje eller Göte, på psykjouren visste inte heller.
"Men det är ju sjysst på söder. Munchenbryggeriet! Ja, najs!
Mm... ångest i kvadrat. Najs."

Är det härligare med ångest på Söder än i förorten? Kan inte
titta ner i mobilen och gå samtidigt. Svajar. Kallt. Ont i magen.
Fryser. Psykakuten. 22:42. Gungar av trötthet. Går över
Västerbron. En man med uppdragen luva kommer emot mig.
Arg? Bilder i hjärnan blixtrar till. Den där plötsliga ilskan och
min rädsla.

Länsakuten. En läkare, Maria, tänker inte skriva ut mig. I
stället har hon vips, skrivit intagningsbeslut. "Du är deprime-
rad, det är därför det blir så här", säger hon.

En annan säger att det låter ologiskt för mig eftersom jag mår
som jag mår. Vilket är ett bevis i sig. Men jag mår som jag
alltid mår. Kanske lite mer frustrerad av oredan i huvudet. Av
att det ofta känns som att det blir knas i kommunikationer.
Även här. De som varit snälla och velat hjälpa, ger upp. De
samlas inne på expeditionen och har viktigare saker för sig. Jag
sitter i en grön plyschfåtölj längst bort i korridoren. Fick bryt
på frågorna, vilket raskt ledde till vårdintyg. Varför?

En patient spelar 80-talshits på hög volym. Med hög röst,
påpekar hon att hon vill åka hem. De andra patienterna gillar
inte att hon spelar musik så högt, säger hon. Skötaren föreslår
att hon ska sätta sig bredvid mig i korridorssoffan. Men hon
vill inte sitta bredvid mig.

"Nej inte där, hon mår inte riktigt bra, hon är jättesjuk. Jag
mår jättebra."

Personalen åker med två patienter. Jag är kvar. Jag som är friskast och bara vill hem.

Sen blir det min tur. Bara jag och fyra starka stora poliser i en stor vit buss med texten Kriminalvården på. Jag sitter inklämd längst in mellan fönster och en ganska kraftig manlig polis som pratar om vädret och att han inte tycker om att vara för varm.

Svart hål. Vill klara mig men det har blivit för mycket. Igen. Hans nedlåtande lappar blev droppen. Vet inte hur det blir, men behöver komma hem. Tänker inte stanna mer än någon natt.

～

VI SITTER INTE PÅ GOLVET HÄR, LIGGER GÖR VI INTE HELLER

Anteckning 19:39, omvårdnadsåtgärd. Pat blev tvungen att byta rum vilket gjorde att hon bröt ihop, låg länge på golvet och var ledsen och förtvivlad. U.t. flyttade alla hennes saker till exakt samma ställe på det nya rummet samt fotade och skrev om hennes tavla för att underlätta något.

～

"Vi sitter inte på golvet här. Ligger gör vi inte heller!"

Har det hänt något? Jag vet inte. Känns bara oroligt. Doktor Paula tycker att jag borde skämmas eftersom jag ligger på golvet, på en psykiatrisk avdelning. I ett hörn under handfatet. Hon säger att hon vet hur jag funkar eftersom hon känner mig så väl. Hon säger att hon blev förnärmad eller kränkt, när jag frågade en skötare om hon kunde hjälpa mig att svara på frågorna.

"Måste det bli sådan cirkus runt dig hela tiden?!"

Sedan förklarade hon att hon också har separerat, men inte ligger hon på golvet för det.

Jag tänker att det är tur att hon inte ligger på golvet hon också. Jag kan inte förklara mig, försvara mig eller ens få fram ett ljud. Vill bara att hon går.

～

Trött. Det känns som att jag inte kan röra en enda kroppsdel. Behöver väggar, golv, fast mark. Ibland kan jag ta mig ur det på 20 minuter, vissa gånger tar det betydligt längre tid. Ibland kan jag hamna i låst läge i flera timmar. Jag kan höra vad ni säger men varken röra mig eller svara. Ibland kan jag svara men inte röra mig.

Jag flyter ut i intet. Utan en fast kärna eller ett skal. Min kropp tappar sina konturer och jag behöver någonting som håller ihop mig. Jag kan inte hindra det, glider ner i golvläge, ett hörn, en vrå, ett fysiskt skydd som ersättning för det förlorade skalet mot omvärlden. Varje byte av aktivitet innebär en risk att falla. En bro behövs, mellan aktiviteter och miljöbyten för att slippa glida ner i det svarta hålet. Jag vill mer än jag klarar av.

Jag har så svårt att byta plats, miljö, intryck och sammanhang. Varje byte skakar om och suddar ut mina konturer mer eller mindre. Vissa byten sker nästan automatiskt. Andra byten får mig att helt tappa kontrollen. Jag fastnar i det rum jag först kommer till. Konturlös och utan ett yttre skyddande skal. Vad är jag och vad är rummet?

Psykologen försöker hinna anteckna samtidigt som han nämner något om dissociation, som kan uppstå när vi överväldigas av intryck som är för svåra att hantera. Orsaken är oftast traumatisk stress.

Jaha? Förstår inte vad det har med mig att göra. Jag behöver en paus.

∼

ALLT OCH NU

> *Att vilja förstå helheten men fastna i detaljer.*
> *Att vilja ha 100 procent frihet,*
> *men samtidigt behöva rutiner och ramar.*
> *Att vara beroende av socialt umgänge,*
> *men behöva ensamhet för att tanka energi.*

Ibland slås jag av hur mycket den där inre kampen påverkar mig. Oförutsägbart för både mig själv och andra. Men jag kan inte längre låtsas eller spela spelet. Jag har inte längre tillgång till verktyg, förmågor och nycklar för att navigera i verkligheten, samt hantera krav och förväntningar.

Hjärnskakningen den där natten på landet, var på något sätt droppen. En redan ökad, sannolikt medfödd, sårbarhet i kombination med tidigare skador mot huvudet som barn och vuxen, har bidragit till en mer komplex skada.

Men jag håller fortfarande tyst om situationen hemma. Jag har ännu inte ord att beskriva mina känslor. Skuld och skam trycker tillbaka tankarna innan de får ord. Innan de hörs.

Det är svårt att visa upp den mörkaste och mest uppgivna sidan. Jag vet inte vem jag ska vända mig till? Allt känns så rörigt, vad får jag säga och prata om? Jag orkar inte starta om. Jag vill ge upp.

Jag vill ha tillbaka mitt gamla liv. Men. HAN saknas mig inte.

De sa det upprepade gånger för snart ett år sedan, det kommer bli ett bra år. Det kände de på sig och förmedlade med ett inre bubbel och tydliga förhoppningar. Kanske för att de trodde det, önskade eller tänkte att det i alla fall inte kan bli sämre än senaste åren?

Mina känselspröt kände av mer än orden. På något sätt behövde de ett löfte och en bekräftelse på att jag tänkte som de. Men jag kunde inte. Blankt. Tomt.

Jag är inlagd på den psykiatriska avdelningen från november, inklusive julen och nyårshelgen till mitten av januari. Några få veckor hemma, för att återigen bli inlagd för stabilisering av måendet ett antal månader.

Vill hem. Men mår dåligt. Livet är för komplicerat. Vem kan jag lita på? Hur ska jag orka?

Rehab, öppenvård, slutenvård, stödsamtal. Jag har ingen kärna. Vem är jag? Hör inte hemma någonstans. Jag vill visa min tacksamhet för allt alla gör för mig. Samtidigt kan jag bara se på hur alla försök till hjälp förintas till aska i Hans närvaro.

Restriktioner, råd, uppmaningar och förslag på verktyg och hjälpmedel. Allt detta skulle förmedlas och efterlevas. Inte bara av mig. Om jag skulle kunna följa dem behövde andra runt om förstå, vara enade och konsekventa. Det var en omöjlig uppgift då vi alla hade helt olika synsätt och perspektiv. Våra invanda roller och sätt att uppfatta och tolka vår omvärld, våra respektive egenheter, personligheter och gemensamma erfarenheter satte käppar i hjulet. Många käppar.

Permission över födelsedagen, som firas med släkt och vänner hemma i trädgården, men tillbaka på avdelningen redan samma kväll, helt dränerad. Inget funkar. Den oundvikliga stunden närmar sig. Det är som att jag har parallella planer samtidigt i huvudet. Allt beror på. Jag har slutat sova när jag är hemma. När som helst kan jag bli väckt av anklagelser eller hårda ord. Än håller jag ihop. Skriver på nätterna och håller mig undan, innesluten, undanglidande. På egna promenader. Någonting mer drastiskt måste till.

∿

E tt flertal parametrar sammanfaller den där söndagen i slutet av augusti, kanske blir den tändande gnistan den där konflikten i bilen. En storhandling av varor jag aldrig ens hinner packa upp, en lunch som aldrig blir påbörjad. En hämtning av barn som aldrig utförs och en långpromenad som slutar i hällregn. Min vän E låter mig inte lägga på. Den ångestfyllda vandringen slutar i en rosa utomhusbar med enkla träväggar och bara jord som golv. Blöt, kall, ledsen och arg. Alla kämpar med att få kontakt. Själv kämpar jag med att undvika kontakt.

"Kommer han närmare, dödar jag honom", väser jag till blåljuspersonalen som inte låter mig vara.

Som ett jagat djur ligger jag och skakar. Jag vill bli lämnad ifred, samtidigt som jag behöver skyddas mot de jagande krafterna där utanför.

Någonstans där och då, i den absolut djupaste svackan, inleds en kursändring av livet. Stora förändringar, som jag då inte ens kan föreställa mig. Nytt och skört, obekant och oklart. Mitt i stormens öga, eller precis utanför. Ingen återvändo eller förberedelse. Allt är obekant, outforskat.

*Anteckning. Förvaltningsrätten bifaller chefsöver-
läkarens ansökan och medger att fortsatt sluten
psykiatrisk tvångsvård får pågå under högst fyra
månader, räknat från dagen för beslutet om in-
tagning. Beslutet gäller omedelbart.*

Inser för sent att allt ackumulerats. Det är mitt ansvar att prio-
ritera, välja bort och varva ner. Skulden och skammen är
outhärdliga att bära. Tystnad och oförståelse triggar i gång
oron. Oron tar över och sätter allt förnuft ur spel. Går på
minus efter genomförda aktiviteter. Tills allt kraschar. Kan
svara på en fråga men inte en annan. Hårfina skillnader. Det är
oförutsägbart även för mig själv.

Kaos i huvudet. Trött. Gör folk besvikna och arga. Kan inte
sätta stopp och inte förklara. Jag fylls av alla känslor. Kan inte
andas. Inte vila. Kan inte hålla energin på lagom nivå. Kan inte
tömma hjärnan. Gör folk utbrända. Allt och nu. Allt eller inget.
Jättesocial eller total apati.

Kan inte vara själv och inte med någon. Kreativt ena stunden.
Kaotiskt nästa. Aldrig helt normal, aldrig stanna kvar, alltid
dra vidare fysiskt och psykiskt. Som att inga normer och regler
gäller mig.

Folk messar och hör av sig. Jag underhåller med målande
beskrivningar av mig själv, mina svårigheter, mina fortfarande
fungerande egenskaper. Självdistansens mästarinna. Mitt i allt
blir jag knockad av mina egna förklaringar och beskrivningar,
av mitt mående och beteende. Mitt inre är i uppror, vill bort,
revoltera mot de iskalla ordvalen.

~

GÅ FRAMÅT

Vi går igenom senaste besöket hos psykologen, jag och en skötare på avdelningen.

Jag har fått med mig följande punkter: att göra saker långsamt, att acceptera, inte kämpa emot, att det bara är så att det finns saker jag inte uppfattar samt att det är viktigt för mig att förankra och få förklarat varför jag ska göra saker.

Men ahh, vad ska jag acceptera? Och jag uppfattar redan allting. Jag är väl inte dum i huvudet?! Jag anar, mot min vilja, återigen den där känslan av att andra förstått något som jag inte förstår.

Skötaren som anar ett annalkande bryt, låser in alla papper och min mobil i det lilla värdeskåpet och hänvisar till det mobil- och adminförbud, jag har efter kl. 13, varje dag.

Han undrar om han får locka med något gott från köket? Jag lyxar till det med lite jordgubbsgurt. Ska slå mig ner i matsalsdelen, men där har en annan tagit den enda lediga soffplatsen. Med serbisk folkmusik på hög volym.

"Sätt dig här Doris. Har du ätit middag. Det blir bra ska du se."

Jodå. Kanske det, tänker jag.

Jag blir tvungen att ställa ner min tallrik i den starkt upplysta delen av matsalen. Går och hämtar cocosflingor. Och sen är hon försvunnen. Snor raskt soffplatsen. Men hon kommer tillbaka, skulle bara hämta den gula rosen som står i pappmuggen, den hon plockat under sin promenad.

18:43. Duschat och är rastlös. Jobbigt. Tråkigt. I korridoren går 4:1 omkring utan byxor. 7:1 skäller ut 7:2, och 7:2 säger att hon hatar 7:1 och att hon är hennes mammas syster.

Övrigt dokument. 02:54. Patient ångestladdad och kan ej komma till ro. Sitter på golvet i korridoren och samtalar med personal. Kontaktar jourläkare för rådgivning och kommer överens om att det går att ge Lergigan men inga andra åtgärder aktuella i nuläget. Åtgärd. Stödsamtal, patient ska testa lägga sig i sängen.

Eftersom jag aldrig sagt att barnens pappa är ett stöd för mig, och eftersom vi båda är så sårade så måste vi göra något, säger psykologen och de andra. Jag tar in andras känslor som i en osmos. Suger in dem och vet inte var deras slutar och mina börjar. Att sätta gränser och ta hand om mig skapar ett förtroende hos allmänheten. Jag hör vad ni säger. Hur? Vem kan nå honom? En vän är just nu mellanhand mellan mig och barnens pappa. Men messen är bittra och väldigt negativa, "Hon slipper se mig, går hemifrån kl 9." Det är så sjukt. Jag vågar knappt åka hem.

23:50 Alla sitter vid sina mobiler och datorer.

"Hur är det?" undrar en skötare.

"Dåligt."

Går. Vända efter vända. Klockan blir 01.17. Läkarsamtal med hon som inte kan säga r. Hon ser rädd ut.

"Personalen på avdelningen är oroliga för dig. Hur gick permisen?"

Jag undrar när mina barn ska bryta ihop. Jag undrar när jag ska bryta ihop.

Fortsätter gå och gå. Mörkblå landstingsbyxor, stor blågrön t-shirt, steg för steg. Orkar inte lyssna på mitt huvud, yr och trött. Jag får inte störa. De pratar om nya datagrejer.

Personalen tar fram listan igen. Klockan 24.00, 02.00...
Klockan går. Ett steg till. Vågar inte vara själv med mitt huvud.

"Säg till om du behöver hjälp med något?! Vill du prata? Är det
något som brukar funka när du känner såhär?"

Sjuksköterskorna är inne på expedition 1. Pratar om tidigare
arbetsplatser, dialekter och annat. En kollar nyheterna inne på
expedition 3, den andra kollar mobilen. Eller sover han? Till
slut orkar jag inte gå. Inte sitta i hörnan längst bort i korri-
doren som en amöba. Mitt huvud kaosar. 03.30. Tar mig till
sjuksköterskorna och får på något sätt ur mig att jag inte orkar
att orka. Inte kan sova.

~

BYTA LIV OCH ANDRA FÖRÄNDRINGAR

> *Anteckning. Utskrivningsorsak: patienten medverkar
> ej i planerade åtgärder. Patientens eget initiativ. Pat.
> vill inte stanna längre på avdelning och önskar att
> åka hem.*

Det går inte att vänja sig. Det blir en chock, som en elstöt varje
gång. Jag känner mig hänvisad att titta på när andra lever. Det
känns som att jag är i ett akvarium, väntar, utan någonting
konkret att hålla mig i eller se fram emot. Bara glasväggar och
begränsningar. Elstängsel. Var jag än befinner mig.

Igår kväll väste Kalle "femtio kronor" åt mitt håll, efter att ha
bett om kvällsmedicin. Sköterskan såg skarpt på oss, när jag
bröt ihop av skratt. Sen erbjöd han mig att sova i hans rum
eftersom min nya rumskompis verkar ogilla mig, och ger mig
elaka kommentarer. Hon och hennes nya kompis på 1:2 är
också lite roliga.

"Tänk de där efter ett glas vin", slank det ur mig i går kväll. En skötare, N och jag fick skrattattack.

Kommer skriva ut mig på måndag. Får åla runt hemma hädanefter. Är så klar jag kan bli för tillfället.

> *Anteckning, 18:50. Personal från annan avdelning meddelar att patienten sitter i korridoren på 7:e våningen varpå undertecknad går för att hämta henne. Patienten förklarar att hon såg ett tillfälle att gå sin väg när hon var ute med de andra på promenad.*

Jag gick ut med personal och patienter. Visade dem vägen över skogen, bakom infektionskliniken. De tog hissen tillbaka. Jag trapporna, en våning till. Möjligheten kunde inte ignoreras. Sjönk ner i en hög, vid det stora fönstret ut mot gatan och infektionskliniken. Hopkrupen och så ledsen att det inte ens kom en tår. Saknar barnen. Höstens lukter. September, en av mina favoritmånader. Vill vakna upp till det vanliga livet.

Hämtad och tillbaka på avdelningen. Läkaren på jouren ställde helt ovidkommande frågor, så jag bestämde mig för att gå därifrån. Bara att det var tre låsta dörrar att ta sig genom. Inlåst igen. Öppna frågor, flera valmöjligheter, känner mig stressad och pressad. Behöver nog en tolk, en som kan hjälpa mig att förstå NT-språket, en som kan besvara deras frågor.

Torsdag kväll. Tillbaka på avdelningen efter kortare permission.

Helt slut! Så rörigt i hela huset. Hur ska jag orka kunna röja, städa och fixa inför en försäljning av huset? Vi som inte ens kan vara i närheten av varandra? Har i alla fall tvättat, dammsugit, vattnat blommor, ritat och laddat ner "Among us" med barnen. Och avinstallerat "Among us".

Här är relativt lugnt. Damerna på ettan är uppe och vandrar. En går och klagar på att hon blivit så mager att byxorna trillar ner och den andra på att hon vill ha sin persienn uppe medan hennes rumskompis vill ha den nere. Jag väntar på kvällsfika.

Professorn, "den siste distriktsläkaren", tog ton vid kvällsfikat. Hela gänget i matsalen stämde upp gemensamt i "Växeln hallå, hallå…".

> *Anteckning. Patienten sov fram till 04, kommer upp och ter sig rastlös, vandrar fram och tillbaka i korridoren.*

Fredag. 05.26. Gått fram och tillbaka i korridoren. Ska kolla lägenheten idag. Sitter ensam i matsalen och skriver. Patienten i rum 8 går förbi matsalen och frågar lite förvirrat: "Är ni också här?"

~

Det är något

Jag sitter på de blåvita plastsitsarna utanför avdelningen. Borde gå in. Vill hämta mina saker, åka hem. Men har dragit från mig själv. Allt dubbelarbete. Står inte ut. Inte med mig själv eller andra. Kan inte ta emot hjälp. Försöker släcka bränder, pratar på, munnen går av sig själv. Hjärnan försöker välja rätt ord, uppvisa och hitta ett lugnt tilltal. Jag vet att jag måste visa att jag mår bättre. Med mitt beteende. Inte med ord. Men det är ord de söker. I väntan på ett beteende.

Ordval och beteende tolkas, värderas och skrivs ner i dokument. Dubbelarbete igen. Men det är bara jag som kan svara. Olika svar på samma fråga. "Hur mår du idag?" "Vad tänker du på?" Jag tänker på frågan. På svaret. Om jag lyckas svara. Eller vad jag tänkt svara, vad och hur jag svarar, men tänker ilsnabbt något annat och fastnar i det eller kanske ändå inte. Kanske nästa tanke blir till ord. En snabbare fil till en spontan association. Jag har inte svarat på frågan, har inte svaret.

Det är något. Det blir så lätt missförstånd. Är det svårt att läsa mig? Får så ofta höra att jag är svårbedömd, svårundersökt, svår att få en klar bild av.

Jag verkar inte ha några problem att uttrycka mig. Men samtidigt blir jag ofta felciterad, feltolkad, fel uppfattad.

Hur ska jag komma vidare? Jag vill bara känna tillit och förtroende, men det känns omöjligt. Hur ska jag orka hoppas varje gång någon kommer med nya idéer och förslag om vad som är bäst för mig. Alla tycker olika, vill testa just sina hypoteser, metoder, plötsliga infall. Jag orkar inte vara försökskanin. Det blir för mycket intryck, val, förslag, ogrundade, ounderbyggda antaganden, oförutsedda händelser och stress.

~

Diskrepans

Jag får verktyg men de faller bort, glöms bort och jag vet inte hur de ska omsättas i verkligheten.

I teorin är orden endast symboler, symboler i olika färg (eftersom min synestesi gör att namn, bokstäver, siffror och tal har olika kulörer i min hjärna) och med olika betydelser. De går att sortera, klassificera, i infinita verb, adjektiv, tempus, innehåll, fraser, morfem.

Teorin finns till för att kunna användas i praktiken. Men hur? Om de tatueras in i huden? Kan orden och meningarna bäras omkring på en papperslapp? Om jag läser dem och sedan gör exakt det jag läst. Om jag måste läsa meningen igen och igen för varje gång jag gör det, räknas det då som att jag omsätter teori till praktik?

Jag prokrastinerar och får ångest. Det är som det är. Jag orkar inte vara ledsen. Jag orkar inte låsa mig, vara medveten om det och samtidigt inte kunna ta mig ur det när jag vill. Jag kan inte göra som det förväntas.

Ramar behövs men dessa motarbetas. Av mig själv. Jag vet allt detta teoretiskt samt empiriskt, men kan inte använda teorin i verkligheten. Kan omedvetet och även fullt medvetet lägga så mycket tid på att hitta kryphål och flyktvägar.

Det är så sant. Är det jag eller någon annan som är aktör i mitt liv? Händelser och skeenden där jag tänker att jag måste ta mig ur situationen. Behöver bara en signal från hjärnan. Det kommer en signal, men ingenting händer. Känner mig som en elev jag haft, som kom och hämtade mig i korridoren: ”Hjälp oss, vi bara skriker!”

Att göra och beskriva med egna ord är vägen till kunskap, om kunskapen. På metanivå. Så är hjärnan på igen. Har tänkt ut en hel associationskedja, en föreläsningsserie, förbättringsåtgärder inom sjukvården och en ny app.

Jag och N skriver ihop fyra A4-sidor med förbättringsområden för avdelningen och skickar in till enhetschefen.

Psykologen kommer upp till avdelningen och pratar om metaforer, budskap och bildspråk.

”Jag har inga problem med det”, säger jag. ”Klart jag vet att en person inte har riktiga fjärilar i magen! Jag har nog inte riktig autism. Tror inte jag kommer att uppfylla kriterierna.”

Men erkänner sen att vissa uttryck kan vara väldigt dubbeltydiga. Som när jag skulle skriva en skylt på dörren, om att besökande skulle se upp för katten. Jag tog ner den igen eftersom jag tänkte att folk kanske skulle antingen titta upp, eller att de skulle tro att jag använder ett milt svärord, fastän jag menade *katten*, helt bokstavligt.

Psykologen hummar någonting om "theory of mind" och om bokstavligt tolkade uttryck, och antecknar något i den lilla tygklädda skrivboken.

Dagen efter träffar jag T på en fika i sjukhusets cafeteria. Jag läser en artikel om ett kattcafé. Intressant, tänker jag, samtidigt som jag försöker få upp en bild i huvudet.

"Ska vi gå till ett kattcafé?" frågar jag T. "Fast hur tror du vår lilla Lois kommer reagera?"

T ser frågande på mig, medan jag fortsätter.

"Asså, jag menar att jag inte är så säker på att hon kommer att uppskatta att hänga med andras katter. Men kul grej ändå!"

"Du ska inte ta med din egen katt såklart!" T skrattar så tårarna sprutar.

∾

UTSKRIVNING

> *Anteckning. Patient orolig över planerad utskrivning. Undertecknad föreslår att det i krisplanen förs in generella riktlinjer för hur patient skall hantera "förändringar" och "förväntningar". Patient håller med om detta, då det är dessa två faktorer som kräver mycket energi. Undertecknad ritar upp en nätverkskarta i syfte att bland annat kategorisera och differentiera mellan anhöriga och bekanta, för att på så sätt kunna etablera riktlinjer och skillnader i patients bemötande och ansvarskänslor gentemot de människor hon träffar. I dagsläget känner patient ett lika stort behov av att svara utförligt på frågan "hur mår du?", oavsett om den kommer från ett av sina barn eller från modern till sin sons kompis, vilket*

skapar hög ångest / oro. Undertecknad föreslår att
patient och öppenvården går igenom nätverkskartan
tillsammans, för att fortsätta hitta strategier i
bemötande.

Går fram och tillbaka i korridoren med en skötare. Benen vill sätta sig, hjärnan vill ha väggar, fast mark. Hörnan, soffan, utanför medicinrummet. En annan patients fina, lugna klappande hand på håret.

Har pratat med avdelningens kurator om dubbelarbete, om att berätta jobbiga saker och att jag har svårt att sammanfatta för både andra och mig själv. Hur det jag säger tas emot. Att det kanske faller bort hos den som lyssnar och att jag då blir lämnad med tankar och känslor som jag behöver lösa eller förtränga.

Preliminärt utskrivningsdatum satt. Siktar dit. Men har en malande oro som går upp och ner och är fylld av ångest för hur allt ska funka. För allt. För att inget kommer att förändras om inte strukturerna och barnens pappa förstår och förändras.

Vi pratade även om att jag inte vet hur det jag säger har landat. Jag måste fråga. Dessutom verkar det finnas en tyst överenskommelse om att hälsa med en fråga. Många frågar men vill inte höra svaret. "Hur är läget", är bara en hälsningsfras. De vill inte ens få ett svar, i alla fall inte ett långt svar.

När jag lämnar min son på morgonen, frågar fritidspersonalen hur det är. Jag svarar, samtidigt som fritidspersonalen går i väg och småpratar med andra. Jag går efter tills jag svarat klart. Samma sak när jag träffar en granne utanför skolan. När jag efter en kvart svarat klart, frågar jag henne samma sak. Då måste hon gå vidare. I mataffären undrar kassörskan "hur det är och om det var bra så?" Jag undrar tyst vilken fråga jag ska börja svara på, men hinner inte öppna munnen förrän kassörskan hälsar på nästa kund.

Det var lätt att tänka sig henne i flera av exemplen i boken
om autism

Utredningen börjar gå mot sitt slut, och det verkar även
psykologen. Han har sagt upp sig.

"Jag har pratat med dina anhöriga nu", säger han.

Psykologerna, mina vårdkontakter, familj och vänner har
utbytt information. Det verkar finnas starka drag, alternativt
att jag uppfyller diagnosen autism som skruvar till min adhd
till oanade höjder.

Psykologen återger en del av vännernas svar. En vän säger att
jag är svår att få grepp om. Att hjälpa. Att jag är saklig, karg,
hård, plötsligt mjuk, det är inte lätt att hänga med i sväng-
arna. Gör som jag vill. Är intelligent och snabb, inte en som
följer regler och normer. Ifrågasätter. Intensiv. Impulsiv.
Kommer på nya idéer, svår att få med, svår att förstå, svår att
styra. Är nog även en svår patient att ge rätt hjälp och stöd åt.
Har behov av stöd, hjälp och vård, som jag inte alltid klarar att
ta emot.

"Hur kan de veta allt det här?", undrar jag högt.

"De verkar känna dig väl, du har fina omtänksamma vänner",
svarar psykologen.

Det var på ett sätt lite skönt att höra några exempel jag kunde
känna igen mig i. Men jag känner inte alltid igen mig i andras
beskrivningar av autism. Kanske är jag inte autistisk ändå?

> *Anteckning. Avstämningsmöte med öppenvård nästa*
> *tisdag, därefter utskrivning.*

Söndag kväll på psyket.

"Ta en sak i taget", "du behöver acceptera...", "Vi bygger staketen, men du behöver samarbeta kring din egen vård".

Hur och om vad? Fattar de ingenting? Jag har fullt upp med att hantera varje minut av mitt eget liv.

Hur ska jag kunna delta och samarbeta när jag inte förstår varför och om vad? Förstår inte ens varför jag är här. De säger att jag är på trappsteget längst ner och behöver vila så jag orkar ta hand om barnen och mig själv. Att mitt "allt och nu"-tänkande försvårar för mig.

Det går runt i huvudet, vill hem. Mitt nya hem, ett eget hem. Och jag följer faktiskt sjuksköterskans råd med ärtor i strumporna som avledning. Har även en hårsnodd, en pärla, lite papper och lite pärltrådar i strumporna.

$\sim$

Resultat

Mentaliseringssvårigheter: 21 av 21 poäng. Social ångest: 9 av 12 poäng. Sensorisk reaktivitet: 9 av 9 poäng.

Bedömning. Patienten har sedan tidigare diagnosticerats med adhd och bedöms nu även ha autismspektrumtillstånd. Det är sannolikt att multipla hjärnskakningar haft negativ inverkan på patientens kognitiva förmåga men dessa kan inte förklara symtom på AST. Patientens svårigheter i socialt tänkande och förståelse är konsekvent med övriga symtom på brister i central koherens. En sensorisk överkänslighet ses kopplad till ett flertal sinnesintryck.

Dessa symptom har funnits sannolika under barn-
dom och tycks ha ökat efter multipla hjärnskakningar
samt bedöms ha haft en funktionsnedsättande
påverkan på flera livsdomäner, inklusive sociala rela-
tioner, studier och yrkesliv. Patienten uppfyller kri-
terierna för autismspektrumtillstånd, svårighetsgrad
nivå 1.

Diagnos enl. ICD-10 Aspergers syndrom.

~

SLUTORD

Som ett oskrivet blad varje ny dag

När jag lyckats förstå och kunnat överföra en förklarad autis-
tisk svårighet till mig själv och mitt eget liv, genom att bryta
ner den till konkreta situationer; då ser jag hur autismen ligger
som ett raster över varenda sekund i mitt liv. Ihopblandat med
alla oräkneliga och oberäkneliga elektriskt laddade adhd-
partiklar.

Då vill jag bara linda in det lilla barnet, tonåringen och den
vuxna kvinnan i bomull och skydda henne mot världen utan-
för; med dess antaganden, krav och förväntningar på att vara
på vissa sätt.

Jag vet ju i stunden att det är på vissa sätt. Men varje dag,
timme och sekund är ny. Hur det var, kändes och blev, är
historia. Inget jag räknar med ska inträffa igen – om jag ens
minns hur det var och blev i går, eller för en timme sen.

~

ADD MORE RAM

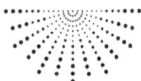

THERESE KÄRRMAN

J ag ska till vårdcentralen på torsdag. Jag ska träffa en allmänläkare, vi ska påbörja en minnesutredning. På 1177 kallas det också "demensutredning". Det känns sådär. Demensutredning. Jag är 53 år.

Besöket kommer att börja med att läkaren frågar mig hur jag mår, och jag kommer, som vanligt, att svara att tack, jag mår bra. För det gör jag ju. Jag har inte ont någonstans precis just nu och det blöder inte från något sår och hela skelettet är hyggligt helt och fint. Sen kommer han fråga mig vad han kan hjälpa mig med, och då tänker jag "Antagligen ingenting!" och om jag säger det högt så blir det konstig stämning. Det scenariot fungerar inte. Jag behöver ett bättre manus.

Läkaren kommer att fråga mig hur jag mår, och jag kommer att svara att hen inte kan ställa just den frågan till såna som mig, eftersom det inte går att svara på ett rimligt sätt. Att jag en gång gått med en bruten hand i en vecka innan jag for till akuten. Att jag, en annan gång, var sjuk; febrig och hostig, och blå om fingrarna. Lunginflammation och hade ganska skitdålig syresättning, som väckte viss aktivitet på akuten. Att jag har diskbråck och är van vid att ha ont. Men just nu är det ganska bra, eftersom jag är en sån som för det mesta tänker att det är ganska bra, men att jag vill ha hjälp med mitt trasiga minne.

Sen kommer jag försöka förklara och så kommer jag att tappa tråden och glömma bort vart resonemanget var på väg och så kommer jag att bli stressad och så börjar jag babbla och så slutar det med att jag får med mig ett recept på Sertralin för lite Sertralin är väl alltid bra att ha. Kanske ett nytt recept på Propavan också, och det är ju i och för sig bra att ha för när sov jag en hel natt utan Propavan sist? Jag sover ju inte ens med Propavan? I värsta fall får jag frågan om jag kanske tänkt på att försöka gå ner lite i vikt, för den frågan får jag nu lite då och då av läkare och sköterskor, efter ganska många år på Intuniv. Som man går upp i vikt av. (Ja, jag vill gärna ha hjälp med det, nej, jag har inte diabetes, så det går inte att få hjälp med det förrän jag har det. Också.)

Nej. Det här är inte heller ett bra manus. Behöver jag nya recept behöver jag bara maila via 1177.

Jag måste försöka få läkaren att förstå att jag behöver hjälp. Fast jag inte har ont. Fast det inte syns på röntgen eller i blodprov och fast jag är så verbal och kompetent att jag lätt uppfattas som frisk.

> *Hjälp! Jag har ett hål i huvudet, ett hål där det en gång fanns ett arbetsminne, och en hel del långtidsminne också, för den delen. Det finns inte där längre. Är det helt borta, eller har det bara gått sönder? Kan jag få tillbaks det, tack?*

Så här är det:
Jag har dåligt minne och det beror helt säkert delvis på många års sjukdom i det som en gång kallades "utbrändhet",

men som man nu benämner "utmattningssyndrom" med tanken att det är skillnad mellan något som brinner upp och därmed är oåterkalleligt förstört, och något som kan återhämta sig och fungera igen. Det är en viktig skillnad, men för mig verkar det inte vara relevant. Min hjärna verkar inte klara det, det där med återhämtandet. Det är ju trist, framför allt för mig. Så är det något annat som är fel? Gärna något som går att behandla, pretty please?

Utmattningssyndrom hos föräldrar till barn med funktionsnedsättning är vanligt. Så vanligt att funkisföräldrar utan stressrelaterade sjukdomar är undantaget, inte regeln. Gissa vad som händer med den här statistiken om föräldern också har en funktionsnedsättning? Konstigare än så är det inte.

Är utmattningssyndrom i adhd-hjärnor samma sak som utmattningssyndrom i neurotypiska hjärnor? Blir adhd-hjärnor mer trasiga? Kroniskt trasiga? Finns det någon forskning där man undersöker det här? Är det därför som adhd-mediciner inte hjälper mig särskilt bra?

~

Jag fick min adhd-diagnos sent i livet. Jag var över 40 och hade en känsla av att ständigt slita, slita och slita men utan att någonsin komma någonstans. Belöningarna uteblev. Mina insatser gav helt enkelt ingen ränta. Jag fick nog inte ens igen kapitalet jag investerade – och det är väl på sätt och vis också en bra analogi till vad utmattningssyndrom innebär: Att man hela tiden tär på resurserna.

Då förstod jag inte, utan ansträngde mig bara ännu mer i stället. Jag slet. Jag läste på. Jag organiserade, planerade, tog ansvar och utvecklade. Långt bortom lönegrad och mandat. Då hade jag fortfarande ett fungerande minne, och kunde alltså lära mig saker. Jag var faktiskt riktigt bra på det, på att lära mig.

Jag jobbade som nätverkstekniker, och satte upp en labbmiljö hemma, så jag kunde testa och provköra idéer på kvällarna. Men jag arbetade i uppförsbacke. I en kultur där jag var avvikaren, där jag var ensam mot de andra. I den här arbetsgruppen samarbetade man inte, utan jag fick ständigt försöka bevisa att jag platsade i gruppen.

Då, för drygt 20 år sedan, vande jag mig vid att gå upp och kräkas vid tretiden på natten. Sedan var det lättare att somna om. Kroppen behövde göra sig av med allt adrenalin den producerade. Sen slutade jag sova helt, och när läkarna bekymrat tittade på EKG-kurvor och testresultaten från alla blodprover kallades läkarstudenterna in: "Här ska ni få se, så här... och titta här, det här är extraordinärt..."

Och jag skämdes över att jag misslyckats, fast jag nästan stressat mig till diabetes.

Jag hade ju inte visat dem, trots allt.

De vann.

～

Jag blev sjukskriven. Länge. Vid ett tillfälle satt jag med en vän på ett café. I rehabiliteringen ingick en del 24-timmarsövervakning av diverse fysiska symptom, så jag hade en pulsmätare på mig. Plötsligt kliver några kollegor in på caféet. Jag sitter med ryggen åt dem, och ser dem i en spegel, och de ser inte mig. De kommer inte fram till mig. De hälsar inte. De gör bara sin grej, men siffrorna på pulsmätarens display går fullständigt bananas. Jag pratar högt med mig själv: allt är ok, att de inte ser mig, att jag lugnt kan koncentrera mig på kaffet och äppelpajen. Att jag har rätt att sitta där, precis som alla andra. Över 200 slag per minut.

Det går inte att fortsätta så.

Man kan inte bara ta ett steg tillbaka, hämta andan, och sedan fortsätta. Man måste hitta ett annat sätt, en annan väg och i brist på bättre bytte jag yrke. Inte bara arbetsplats utan stad, bransch och yrke, och började sakta få ordning på tillvaron igen. Nu hade jag ett jobb där jag inte kunde jobba utanför arbetstid. Där jag lämnade över stafettpinnen till någon annan när jag gick hem. Där jag inte hade panik över att tekniken sprang ifrån mig, att jag hela tiden behövde vidareutbilda mig.

År gick. Sår läktes, insikter landade. Livet hände.

Och så hände det igen. På ett helt nytt sätt.

Nu hade jag ett jobb som krävde en hel del, men som var jätteroligt: kreativt och omväxlande. Jag var också ensamstående med ett barn. En liten kille som det började trassla för i skolan. Trassla riktigt ordentligt.

För min lilla kille har adhd och autism och... för att göra en lång och jävligt deppig historia kort: det klarade hans skola, hans rektor inte att hantera. Inga anpassningar gjordes, och sen gjordes fel anpassningar för sent gång på gång och de fungerade därför inte, och sen gav han upp, började vägra och jag lade glasögonen i väskan innan jag bar honom i brandmansgrepp till skolan, (han var tio, började bli ganska tung, och jag var rädd att få glassplitter i ögonen) för det gör man när skolan säger att det är i skolan man löser skolproblem och att jag skulle lita på dem, att de hade god npf-kompetens.

När han till slut tyckte att det var rimligare att hoppa från balkongen – och nu kan det vara bra att veta att vi bor på åttonde våningen – än att gå till skolan så slutade vi med skoltvingandet. Det fungerade helt enkelt inte och i skolan lyssnade de varken på honom eller mig, fast vi gjorde allt vi kunde för att hitta lösningar, metoder.

Det blir krångligt att jobba om man har ett barn som man inte kan lämna i skolan. Det blir svårt att få något gjort, och det är svårt att koncentrera sig om man samtidigt behöver se till att alla saxar och knivar är ordentligt undanplockade, att fönster och dörrar alltid var ordentligt låsta. Det är svårt att åka till jobbet om man inte ens kan lämna lägenheten för att gå till apoteket, när det är ungefär lika omöjligt att få med sig barnet hemifrån, som det är att lämna honom själv ens en kort stund.

Det var då mitt minne började att sluta att fungera.

Det var ganska mycket annat som också slutade att fungera då. Ungefär det mesta, ärligt talat, men nu är livet annorlunda och mycket har blivit bättre, men minnet är dessvärre detsamma, eller faktiskt ännu sämre än då.

Det är svårt att gradera och beskriva förändringar, om man redan glömt bort dem.

Barnet överlevde grundskolan efter en herrans massa trassel och stök. Efter sju sorger och åtta bedrövelser kom han till en skola där man faktiskt kunde saker om hur adhd- och autism-hjärnor fungerar, där man lyssnade på honom och mig, och gjorde sånt som fungerade, och nu går han i gymnasiet som vilket annat barn som helst. Nästan i alla fall. Eller någorlunda.

Det finns så mycket att säga om det här, om hur dagens skola fullständigt misslyckas med sitt uppdrag, att hälften (HÄLFTEN FÖRIHELVETE!) av alla barn med autism inte har fullständiga betyg efter grundskolan och alltså inte har gymnasiebehörighet. Att självmordsförsök är sex gånger så vanligt bland barn med neuropsykiatriska funktionsnedsätt-ningar jämfört med "vanliga barn".

Och kom inte med något halvvisset argument om föräldraansvar och disciplinproblem, för när en så stor och tydligt definierad grupp inte når grundläggande mål, då är det ett systemproblem. Det finns helt enkelt inte tillräckligt många föräldrar som struntar i sina barn för att det ska kunna förklara den här krisen, oavsett hur gärna diverse skolpolitiker önskar att det var så.

Jag ska inte fortsätta att skriva om skolan, för gör jag det blir jag bara arg, och det kostar energi och jag är bara en av de där små små kuggarna i samhället, de som stretar på och sliter sig fördärvade. Jag behöver prioritera var jag lägger min energi och jag har inte mandat att förändra skolan, men jag har läst skollagen, och det borde fler göra.

Vad tror ni? Fungerar det här? Om jag pratar riktigt fort, hinner jag då förklara för läkaren *att* jag behöver hjälp? På max sju minuter? Kanske åtta? Förstår man att man både kan vara verbal och skärpt *samtidigt* som minnet är riktigt riktigt kasst? Orkar en läkare läsa det här?

～

Vi hade gått från total katastrof och hemmasittande i flera år, till rehabilitering in i en mycket speciell skolmiljö som var fantastisk just där och då. Kravlös, omhändertagande och luststyrd. I det läget var det en stor utmaning att ens lämna hemmet, för att inte tala om att jag skulle kunna lämna honom i skolan: att han skulle kunna vara där utan mig. Men någon undervisning var det inte. Där och då var han för skolskadad för att det skulle fungera.

När han mådde bättre fungerade skolmiljön sämre och sämre för honom. Ständiga personalbyten sänkte honom fullständigt. Vi behövde, återigen, hitta en ny skola.

Om man *alltid misslyckats med allt* – och det är så ett barn
upplever skolan om man varit "hemmasittare" – är det ganska
svårt att orka tro på de andra, de vuxna, när de säger att man
visst kan lära sig och att man ska försöka igen. Det krävs en
alldeles särskilt sorts mod för att kunna tro på att det faktiskt
kommer att fungera nu, den här gången. Att orka försöka en
gång till när alla tidigare erfarenheter säger att allt ändå alltid
går åt helvete, bara på olika sätt. Jag blir tårögd när jag tänker
på att mitt barn ändå orkat försöka gång på gång på gång.

I årskurs nio fick då mitt barn äntligen undervisning som
fungerade riktigt bra, och som de här barnen så ofta gör: han
utvecklades i raketfart. Från att inte ha betyg i ett enda ämne,
gick han till att få tillräckligt bra betyg i tillräckligt många
ämnen för att inte bara kunna söka in till gymnasiet, utan
också komma in på det enda program han ville gå på.

Men vi var inte riktigt sams om det där, jag och rektorn. Var min
femtonåring verkligen mogen att gå vidare? Om man förlorat så
mycket undervisningstid: flera hela årskurser, under grundsko-
lan. Mår man inte bra då av att få ett extraår? Kunna få känna att
man inte bara precis klarar sig, med blodsmak i munnen, utan
faktiskt kanske till och med tycker att det börjar vara lite kul att
lära sig saker? När man nu är i ett sammanhang som fungerar?

Rektor sa: "Jag tror att han är redo. Jag tror att han kommer
uppleva ett extra år som ett straff. Du får ringa och skälla på
mig sen om det visar sig att jag hade fel."

Så nu ringde jag till honom.

Det är en sällsam, rent ut sagt konstig, känsla att kunna skryta
om sitt barn. Att berätta att det går bra. Att han kämpar på. Att
han klarar det bättre än jag vågade tro på. Att han går iväg till
skolan på mornarna, oftast utan knot eller bråk, och att jag
inte får några arga eller oroliga mail från lärarna. Att han orkar

med lång restid och långa skoldagar. Att det är en stor glädje att få säga att *jag hade fel och att rektorn hade rätt.*

Det har gått ett och ett halvt år sedan det vände på riktigt. Årskurs nio, och så nu snart en hel termin på gymnasiet. Han kämpar på. Det fungerar. Allt är inte alltid toppen, men tillräckligt bra för att det ska fungera, och han har en tanke om en framtid och kanske är det först nu som jag har kunnat börja återhämta mig. Eller kanske borde kunna återhämta mig. Jag måste inte alltid hålla ihop, hålla i allt, hålla koll på allt, vara beredd på strid i alla lägen.

En viktig stressor har försvunnit, men det tar tid att sluta ha larmberedskap. Och det uppstår ju fortfarande ständigt situationer som måste hanteras. Både autismen och adhd:n är kvar, och krockar ständigt med verkligheten. Och med *min* adhd, med min ständiga och förlamande trötthet.

På många sätt vet jag knappt hur man gör för att inte ha jour? För att inte alltid ha en plan B och en plan C, och vara beredd att slita fram lagboken och börja överklaga och bestrida och förhandla med kreti och pleti med makt men helst utan ansvar, eller för den delen med en sextonåring med sviktande förmåga till konsekvensanalys och svajiga dopaminnivåer. Kunna lita på att det är säkert att ha en magnetlist med knivar fullt synlig på insidan av skafferidörren.

Det är nu den där återhämtningen borde ske. Det är bara det att det inte verkar hända. Minnet fungerar inte. Det blir bara sämre och sämre.

Det finns de som pratat om PTSD. Inte vet jag? Andra säger att PTSD måste kunna kopplas till en konkret händelse. Jag minns när jag slet ner mitt barn från balkongräcket. Jag minns när jag gjorde det igen, en annan gång. Men jag har ingen aning om det var maj eller november. Jag vet inte vad det var vi bråkade om exakt just den gången. Men jag tror att det var kväll, inte morgon. Men jag minns inte. Och ärligt talat, jag behöver inte fler diagnoser än de jag har, i synnerhet om det inte finns någon fungerande behandling. Jag vill bara att min hjärna skall fungera igen. Att jag inte ska behöva kontrollera allt jag gör tre gånger, för att veta att det blir gjort, och att det dessutom gärna blir *rätt* också.

Alldeles nyss, när jag skulle fortsätta skriva på den här texten behövde jag logga in mot Google, där texten sparas. Jag har en Chromebook. Det är mot Google jag loggar in när datorn startar upp, eller skärmen ska väckas. Ett inlogg jag upprepar gång på gång, dagligen. Likväl sitter jag och tittar på inloggningsrutan. Kommer ihåg lösenordets första bokstav, men sedan är det blankt.

Just den här biten information försöker jag hämta ur minnet precis just nu, men den där bibliotekarien som piggt ska kila iväg till rätt avdelning, rätt hylla, rätt bok tittar bara tomt på mig. Det händer ingenting. Så jag suckar, går på toa, dricker ett glas vatten, och kommer tillbaka till datorn. Då funkar det. Då springer hon iväg, hämtar rätt bit information, som fingrarna sen kan knappa in.

Bra. Det funkar ju, tänker du. Det är ju en metod som fungerar, då så. Att gå iväg, och sedan bara göra om och hoppas att det funkar som det ska nästa gång. Haken är bara det där iväggåendet. Vad som händer under den processen. Nu skulle jag alltså skriva den här texten. Jag hade en tanke om vad jag skulle skriva, hur jag skulle börja och då kan det ju bli något. Men om jag då måste gå iväg för att börja om, är risken stor att något händer på vägen. Vad kan hända på vägen till toa, undrar du? Åh, kära vän. Massor kan hända.

En sak som ofta händer är att jag ser att hibiskusen behöver vatten. Så då hämtar jag vattenkannan och vattnar den. Då kanske jag ser att fler blommor behöver vatten. Jag har ganska många hibiskusar, och de är som kameler – de behöver hur mycket vatten som helst. Sen kommer jag på att jag glömt att borsta tänderna. Så då gör jag det. Och kanske vore det gott med en kopp te?

Så sätter jag mig i stickfåtöljen med en kopp te, stickningen och en bra podd. Den text som hade blivit skriven om bibliotekarien hade kilat iväg in i minnets vindlingar och hämtat google-lösenordet blev aldrig skriven, för nästa gång jag loggade in på google från chromebooken är idén till texten som skulle skrivas glömd sedan länge. Fast den var bra, och med en rolig knorr på slutet.

Ett annat vanligt scenario:

Jag ska göra något och tar tag i telefonen, för att fixa det. Jag ska starta en app för att lösa ett problem. Men jag kommer inte ihåg vad appen heter. Ibland kommer jag ihåg vilken färg ikonen har. Ibland inte. Ibland byter ikoner färg när det kommer nya uppdateringar. Där står jag med telefonen i hand och försöker komma på vad verktyget jag behöver heter, hur det ser ut. Jag bläddrar och bläddrar och hoppas att det där bibliotekarien ska hojta till när blicken råkar scanna över just den ikonen. Ibland funkar det. Ibland inte. Ibland kommer jag på det till slut, och startar appen – för att sen stå där, som en fårskalle, och fundera på vad det var jag skulle göra?

Alla råkar ut för det här ibland. Man är trött, man är ur slag, hjärnan pausar lite. Men det händer mig *hela tiden*. Jag får *ständigt* ta omvägar för att få fram den information jag egentligen vet att jag redan har. Jag behöver ständigt kolla mig själv: Har jag gjort klart? Har jag gjort rätt?

På datorn är det lätt att växla mellan fönster när man ska kolla uppgifter. I telefonen blir det pilligare, där måste man backa ur ett läge för att kunna skriva in informationen man just hämtat på ett annat ställe. Om man inte glömmer sifferkombinationen på vägen. Jag kan *inte* memorera en kod, inte ens i fem sekunder. Jag får en stilla och tyst panik varje gång jag ska betala något och måste slå in en pinkod.

En annan konstig grej som händer rätt ofta är att jag verkligen inte har en aning om vad jag gjort. Mer än en gång har jag börjat läsa / lyssna på en bok, som jag efter kanske 150 sidor känner igen lite vagt. Eller inte alls. Mer än en gång har jag till och med *köpt* en bok, som jag sedan hittar ett ex av i bokhyllan, där jag tänkt sortera in det nyinköpta exemplaret. Det här går att applicera på klädesplagg också, och på garn i favoritfärger.

Jag sjunger i kör, och där är det här ett ständigt skämt: vår dirigent frågar kören hur många av oss som inte sjungit det här stycket förut. Jag håller upp handen, varpå han säger: Äh, du var ju visst med sist vi gjorde det här! Var jag, svarar jag fåraktigt. Hade jag kul? Mycket riktigt, i noterna hittar jag anteckningar och noteringar med min handstil. På sida sju i noterna känner jag plötsligt igen en melodislinga i tenorernas stämma.

Hur många gånger har jag betalat samma räkning flera gånger? En gång genom bankappen och en gång via Kivra? Plättlätt. Då händer det att man får en liten avi som ska lösas in så man får tillbaka en slant. Hur många gånger har jag fått påminnelseavgifter på räkningar jag varit bombsäker på att jag betalt?

Det här var lättare förr. Då kom alla räkningar i brevlådan. Man samlade ihop dem och betalade dem en gång i månaden. Nu får man räkningar via sms, som pdf:er i mailen, i Kivra, via Internetbanken och varför inte via röksignaler också, när vi ändå är i tagen? "adhd-skatt" brukar jag, lite luttrat, kalla företeelsen.

Om man har adhd i ett helt liv, och det har man ju eftersom det är något man föds med, och inte vet om det, är det inte så säkert att man lever livet på ett adhd-vänligt sätt. Antagligen gör man precis tvärtom eftersom ungefär ingenting i tillvaron är adhd-vänligt. Samhället vill ha människor som är drivna, som levererar, som kan fokusera på tråk ungefär hur länge som helst, och som tuggar sig igenom tillvaron även om dopamindoserna är ganska små och glesa.

Jag var också driven. Jag levererade, men dopaminpåslaget uteblev helt. När något var klart, när gracerna fördelades, när berömmet haglade så är det som om det aldrig hände mig. I min värld kan man inte komma i mål. Inte så där på riktigt, med applåderande publik och en banderoll som går sönder när man springer igenom den, och medaljer och champagne. Man känner bara blodsmaken i munnen: rädslan för att det kanske ska gå åt fanders på upploppet och när man passerar mållinjen kommer skammen över att tiden inte blev bättre.

Oavsett resultatet.

Låt den tanken sjunka in.

Det spelar alltså ingen roll hur mycket du anstränger dig, du kommer ändå alltid bli lurad på jublet och segerglädjen. Dopaminet som skapar alla de där endorfinerna, glädjen i just den situationen är helt enkelt inte där. I bästa fall känner du lättnad, inte glädje. Lättnad över att det inte gick åt helvete allihop.

Det har inget med orealistiska krav att göra. Det har inget med skev målbild att göra.

Det är bara en fysikalisk, en biokemisk process i hjärnan som inte händer där och då, då när du verkligen förtjänar den.

Det är därför såna som jag misslyckas till och med med att vara "en duktig flicka". Vi har inte ens ett glimrande diplom att visa för världen när vi bryter ihop. Vi blev inte läkare, ingenjörer, entreprenörer. Eller så blev vi det, men litade aldrig riktigt på att vi verkligen hade all den där kunskapen och kompeten-sen, så vi fortsatte att läsa under täcket för att ni inte skulle upptäcka att vi egentligen bara är klåpare som fuskat oss fram.

Eller så fick vi utmärkelser, nya tjänster, diplom för våra insat-ser, men när de läste upp motiveringarna till varför just jag fick just den utmärkelsen eller nya tjänsten är det som om det bara sprakar i radiomottagningen: jag hör bara halva stavelser här och där medan de där energiska aporna inne i skallen fort-sätter med sitt tjatande: att jag egentligen är en klåpare, en dilettant i lånta fjädrar, och de snart kommer att upptäcka det.

Jag tänker ofta på bilden av en svan som snyggt glider fram på vattnet. Lång hals, smäckert huvud som tittar åt olika håll, som har koll på läget, som ser tjusig ut. Ingen vet hur mycket fötterna behöver paddla för att hålla fart och kurs. Och ingen vet hur mycket motströms det är.

Jag vet mycket om hur det är att paddla motströms. Skillnaden mellan att få veta att man har adhd och / eller autism och att INTE få veta om det är att förstå att det *är* motströms. Att det är okej att tycka att det är jobbigt, och att det inte självklart är jag som är dålig om jag tycker att det är jobbigt. Att det inte är att *vika ner sig* om man väljer en annan plats att simma på, där det är lugnare vatten.

Man förstår helt enkelt inte skillnaden på motström och *orim-ligt mycket* motström eftersom allt alltid är motströms och blodsmak i munnen är det normala, det som världen alltid förväntar sig...

Har man fullt upp med att bara hålla sig flytande hinner man inte fatta beslut. Man kanske inte ens uppfattar att man *kan* fatta beslut, för ska man kunna göra det måste man hinna överblicka situationen och se olika möjligheter, val. Har man fullt upp med att bara hålla sig flytande hinner man inte annat. Då är bara att kötta på tills man sjunker.

Apropå att hitta sunda strategier i livet, då.

Hade jag fått veta att jag har adhd lite tidigare än vid 42 års ålder hade jag kunnat göra andra val. (Eller var jag 43? 46? Det står säkert i någon sorts journal) Jag hade garanterat varit snällare mot mig själv, och inte drivit mig själv så hårt. Jag kanske hade bett mer om hjälp, hittat sundare strategier. Kanske hade hjärnan funkat tillräckligt bra för att adhd-medicinerna skulle fungera ordentligt?

För adhd går att medicinera. Ungefär åtta personer av tio märker en påtaglig förbättring, och för många är medicinerna skillnaden mellan en fungerande vardag och kaos. Ändå är det många regioner runt om i landet som vägrar att utreda vuxna för adhd, om de "fungerar i vardagen", som om det nu vore ett absolut tillstånd. Ja. Det är helt sant.

Tänk dig att du skulle misstänka att du har diabetes, men vägras möjlighet att utredas, bara för att du inte ser så tjock ut. Det är ett helt vrickat resonemang – men fullt accepterat inom psykiatrin.

En fantastisk teknik för att skapa struktur och översikt, för att hålla i ett vacklande fokus, för att komma ihåg allt som måste göras, det som behöver göras och sånt man vill göra är "BUJO". Bullet Journaling – en fri form av kalender / anteckningsbok. Man skriver för hand, eftersom hjärnan kommer ihåg bättre när handen format bokstäver med en penna, jämfört med när man skriver på ett tangentbord: För hjärnan blir det maskinskrivna ordet ¤¤¤¤¤¤¤ (en rad tryckningar) medan det, när det formas av en hand och en penna verkligen blir "choklad". Och "choklad" skapar helt andra associationer i hjärnan än ¤¤ ¤¤¤¤¤.

Man skriver ner punktlistor, och kryssar bort det man gjort, och man gör trackers för att uppmuntra sig själv att "hålla stilen": att inte bryta en "run streak", och därmed skapa sunda rutiner. Vill man, använder man olika färger. Man kan rita, man kan doodla. Kort sagt: Man hjälper sig själv att strukturera och organisera och det här räddade mig under många år.

Men.

Det kostar också energi att upprätthålla vanan att anteckna allt. Att alltid ha en anteckningsbok med sig, att ta fram den i tid och otid, och att börja varje dag med att ta tag i den nya dagen.

Hur kan man vara så trött på mornarna, samtidigt som man är morgonpigg, undrar du? När man väl kommit upp och kommit igång? Åh, det beror på att jag redan förbränt en stor del av hela den dagens energidepå eftersom jag lirkat upp en trött unge som inte vill något annat än att ligga kvar i sängen. Kläder, frukost, fel sorts frukost, medicin, tandborstning, hinna till bussen. Andra barn blir självgående (nåja) i tonåren, men adhd är en utvecklingsförsening. I många sammanhang är mitt barn inte sexton. Just på mornarna är han kanske elva. Eller kanske nio om han tjuv-youtubat i sängen kvällen innan. (Impulskontroll...!)

Jag är ständigt i larmläge. Jag är kvar i att bära mitt barn över axeln till skolan, jag är kvar i att gömma saxar och kolla att alla fönster är låsta. Jag läser av mitt barn hela tiden för att försöka förstå om han är fullständigt utmattad och explosiv eller om det kanske går att resonera med honom, om det går att ställa krav på honom precis exakt nu och om läget förändrats fem minuter senare. Idag är han också mycket längre och starkare än han var då, och det är något jag också hela tiden måste förhålla mig till.

Så när han väl gått till skolan, när det blir tyst här hemma, då inser jag hur trött jag är, fast resten av världen knappt har börjat dagens arbete än. (Skammen, vi struntar i att prata om skammen just nu, okej?)

Tycker du att den här texten är ostrukturerad? Tänk dig då att leva i den här sortens tankesvada. Nya tankar som hela tiden avbryter de som för tillfället hade ordet. Att inte kunna stänga av det! Det är så här det låter i min hjärna hela tiden:

Långa resonemang om vad som hänt och vad som ska hända, om vad den och den sa och gjorde och om jag sagt något dumt och om de missuppfattade eller om jag tog för mycket plats eller om jag glömt något igen, glömt att det var min tur att ordna fika till körrepetitionen, glömt att överhuvudtaget kolla när det är min tur att ordna fika till kören. Om jag ens platsar i den här kören, jag som aldrig i helvete kan lära mig något utantill överhuvudtaget och som inte övar hemma för jag kommer ju inte ihåg vad jag behövde öva på eftersom jag inte kom ihåg att anteckna det och hade jag kommit ihåg hade jag ändå inte gjort det för jag har inget piano att ta ut stämmorna på och om jag hade haft ett piano är det inte säkert att det hjälpt eftersom jag knappt kan spela piano alls. Fast jag hade nog kanske kunnat ta ut min stämma. Med pekfingret. Så när det är dags för körläger skriver jag upp mig på så många kökspass jag kan för jag är bra på att rådda i kök och så hetsbakar jag fem eller femton sorters småkakor så att det finns gott om fika för att alla ska se att jag ändå gör så gott jag kan och hjälper till och kanske platsar jag ändå? Snälla? Fast jag är tondöv? Fast det är jag faktiskt inte. Egentligen är jag kanske till och med nästan lite duktig. Jag har ett utmärkt gehör, men sjunger inte prima vista. Fast det måste man inte kunna. Faktiskt.

Jag skriver ner det här eftersom jag inte litar på min förmåga att förmedla det annars, och för att du, okända allmänläkare som har ca 18 minuter på dig att ta emot en patient, ta en anamnes, göra en bedömning, föreslå en behandling och dessutom dokumentera det hela, åtminstone ska ha en teoretisk chans att hjälpa mig.

För jag vill ha ett fungerande minne igen.

Jag *behöver* det.

Det är ungefär nu min hjärna börjar tjata om socker, och den kan klockan, det är dags för lunch men jag törs inte gå ifrån datorn när jag väl faktiskt *gör* det jag bestämt att jag skulle göra och (ännu) inte fastnat i något kaninhål någonstans på vägen.

Så jag fortsätter.

Ironiskt nog med "pacing".

Det är en annan sån där smart strategi som man behöver lära sig om man har adhd och / eller autism. Det handlar om att göra saker lagom mycket, lagom länge.

Det kan låta självklart, men ack lyckan om det vore så.

Att komma igång. Att starta. Att sätta fart.

Inget steg är så svårt som det första. Att det blir kliniskt rent i köket när man borde tentaplugga känner många igen sig i, men tänk dig att i princip *allt* är lika svårstartat som ett tentapluggpass...! Att sortera den rena tvätten, att bära iväg sopsorteringen, att ringa till vårdcentralen och knappa sig igenom alla sjutton knappval, att beställa nytt schampo... Allt. Om man lever i att alla såna vardagssituationer blir Komplicerade Projekt Som Måste Genomföras, och inte något som man gör av bara farten så kanske det inte är konstigt att såna som vi är trötta jämt.

Vi måste ta en väldig sats när större projekt behöver genomföras. Och att när man faktiskt kommer igång törs man inte sluta förrän det är klart. Eller så kanske man inte *kan* sluta eftersom man blir så uppslukad av det man håller på med.

Så då fortsätter man. Fast man borde gå på toa. Fast man borde äta lunch. Fast man borde sova.

Om det fungerar? Det är klart att det gör. Artikeln *blir* skriven, uppsatsen *blir* inlämnad. Om det fungerar? Det är klart att det inte gör. Ingen kan tänka, skriva, prestera hur länge som helst, utan mat, sömn och toabesök. Alltså behöver vi strategier för att komma igång, och strategier för att ta pauser men ändå lyckas fortsätta där vi var.

Om man kom igång, då, och inte råkade vattna en hibiskus i stället, eller helt glömt att man tänkt göra just det där just nu och i stället njuter av stickningen och podden.

Ibland händer det att jag råkar ut för samma problem flera gånger. Då är det väldigt praktiskt om jag kommer ihåg hur jag löste det förra gången, eller åtminstone att det har hänt förut.

För en tid sen så fick musen till datorn spunk. Den scrollade ständigt alla fönster, rullgardinsmenyer och scrollister så långt nedåt som möjligt. Allt blir svårarbetat. Bara att lyckas googla och hinna läsa felsökningsförslag blir en snabbläsningssport. Men jag är nu gammal nätverkstekniker, jag börjar klura och testa saker. Och löser det, efter en stund. Men så slår det mig att det är något bekant med det här, så jag kollar lite försiktigt med sambon:

"Vet du, idag hände något konstigt. Helt plötsligt spårade musen till den stationära datorn ur."

"Igen?" svarar han.

Jag får en kall ilning längs med ryggen medan han fortsätter:

"Det hände ju för inte så länge sedan. Ena gången så var det en konflikt i USB-porten, så när du bytte USB-port löste det sig, och andra gången behövde musen nya batterier."

Två gånger tidigare har jag alltså löst samma problem, men likväl började jag felsökningsprocessen som om jag aldrig varit med om det tidigare.

～

En annan konstig grej är när kunskap jag har, helt plötsligt inte finns när jag behöver den.

Jag har jobbat en hel del i kök. I alla sammanhang, både professionellt och privat. Jag behöver inte tänka för att hacka en lök, jag vet precis när en spiralvisp är bäst att använda och när en ballongvisp fungerar bättre.

Så jag blir väldigt förvånad när jag står och vispar ihop en sockerkakssmet, en smet som inte alls beter sig som den ska: den är tung och helt utan fluff, och inser att jag bara blandat ihop alla ingredienser i en skål och börjat röra med en slicke-pott. Det är klart att det inte blir en sockerkaka av det. När man gör en sockerkaka börjar man med ägg och socker. Bara ägg och socker, som man vispar till ett vitt fluff. (Ballongvisp!) *sen* siktar man i lite mjöl i taget, eftersom man är rädd om fluffet och inte vill ha en smet som är ett tungt klistrigt klet.

Samma sak har hänt när jag ska göra en bearnaise eller hollan-daise. Man kan inte blanda ihop vatten, vinäger, vitpeppar, äggulor och smör och tro att det blir en hollandaisesås heller. Där är det också lite petigt med *hur* man gör. (Emulsion, spiralvisp!)

Jag kan förstå att hjärnan ibland inte lyckas plocka fram vad hon i sopranstämman som jobbar på polisen heter precis där och då, men hur kan man glömma bort hur man gör en bear-naise om man gjort det hundra gånger tidigare? Ska jag vara tacksam för att jag hittar hem om jag går ut på en promenad?

Förstår du, kära vårdcentralsläkare – som måste kunna tillräckligt mycket om allt, men alltför ofta känner att du kan för lite om det mesta – vad jag försöker göra?

Jag försöker berätta om situationer när mitt minne inte fungerar, eftersom jag vet att när jag sitter i din besöksstol kommer jag inte hitta ett enda borttappat minne alls.

∾

S å var är den här texten på väg?

Att jag, du, vi gör så gott vi kan.

Att det vore fint om samhället gjorde detsamma. Att myndigheter måste samarbeta bättre och tänka långsiktigt. Det man sparar i skolan kostar tredubbelt inom sjuk- och kriminalvård. Att skolsystemet måste reformeras och att skollagen måste följas. Att en människa som har en funktionsnedsättning måste kunna vara anställningsbar ändå, till och med om hen har barn, som kanske också har en funktionsnedsättning, och att skola och barnomsorg också har den funktionen: Att ta hand om våra barn så att vi har tid att jobba och försörja oss och dem. Att prat om "arbetslinjen" och "föräldraansvar" blir ett hån om man vänder sig till samhället för hjälp, och inte får hjälp, inte får *fungerande* hjälp, får för *lite* hjälp, för *sent*.

Och ja, Försäkringskassan har ledsnat och gjort sina utredningar och konstaterat att jag hux flux blivit helt återställd. Fullt frisk och 100% arbetsför. Tänk, vilken grej ändå! Lite som den där killen som väckte döda till liv och gick på vattnet! (Det finns alltså en arbetsmedicinsk utredning i någon journal någonstans som man kan studera, om man har nytta av det. Att genomföra den var en djupt traumatisk upplevelse, så jag slipper gärna liknande framtida övningar.)

Jag vill ha ett fungerande minne igen.

Du, kära allmänläkare, kommer fråga mig hur jag sover (uselt, så klart) och hur mycket jag dricker (nästan inte alls, trots sommelierutbildning och allt) och om jag är deprimerad (nej, jag vet hur det känns och nej, så känns det inte) och så tar vi blodprov för att kolla sköldkörteln och järnvärden och sånt, och så kollar vi puls och blodtryck och sen, vad gör vi sen?

Beställer ett nytt minneskort från Elgiganten?

~

Hur det läkarbesöket gick?

Jag glömde, så klart, bort att skicka texten i förväg. En så lång text kan man inte sitta och läsa under pågående läkarbesök.

Det gick ändå ganska bra. Hen verkade förstå, och ställde relevanta frågor, som jag kunde svara på. Ändå gick jag därifrån djupt omskakad och chockad, för den sista frågan hen ställde var:

"Vad känner du nu?"

Märkligt nog svarade jag direkt, utan att alls tänka efter:

"Jag är rosenrasande. Jag har gjort allt man ska, och jag har gjort det så bra jag förmått, och ändå blir jag utsparkad ur de sociala trygghetssystem vi har, som jag betalar skatt till, och dessutom misstänkliggörs jag som 'arbetsskygg' och som orsaken till de problem jag tvingats att hantera.

Jag vill ha en ursäkt av statsministern, jag vill ha en jävla blomma och jag vill ha en opolitisk haverikommission som ska se över skolan, Försäkringskassan, psykiatrin och socialtjänsten. Nu."

~

OM ANTOLOGIN

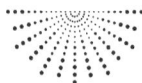

EFTERORD

Ingen människa är den andra lik. Det gäller så klart alla, även de av oss som befinner sig på autismspektrat. Ändå delar autister ofta erfarenheter av till exempel starka sinnesintryck, glädje i detaljer eller en känsla av utanförskap.

Författarna i denna antologi har deltagit i en studiecirkel om autistiskt självbiografiskt skrivande via arvsfondsprojektet AutistOrd.

Att skriva självbiografiskt är att utgå från sina egna upplevelser. Det kan vara allt från att skriva ner sitt livs historia till att skapa seriestrippar, dikter eller skönlitteratur med inspiration från sitt eget liv.

Tyvärr delar många autister en upplevelse av att ens ord eller sätt att berätta blivit kritiserat, och att ens erfarenheter inte tagits på allvar.

Det vill vi ändra på!

Projektet AutistOrd utgår från några viktiga principer:

- Allas ord duger – alla får berätta på sitt eget sätt.
- Allas upplevelse räknas – oavsett hur andra upplevt samma situation, eller något liknande.
- Alla bestämmer över sin egen text – vi ger inte text-kritik till varandra utan att bli ombedda.

Genom att vara en plattform för autisters röster hoppas vi på att sprida förståelse och respekt för hur olika vi människor kan vara – men också hur lika:

Alla vill vi äga vår egen historia, få berätta den på vårt eget sätt och bli lyssnade på.

Anna Paulsen och Tina Wiman,
projektledare och redaktörer

FLER ANTOLOGIER FRÅN AUTISTORD

Denna märkliga tillvaro som verkar kallas livet

Zebran bland hästar – Låt oss autister berätta!

Doften av olästa ord

www.ingramcontent.com/pod-product-compliance
Lightning Source LLC
Chambersburg PA
CBHW031434270326
41930CB00007B/704